Mathias Schilling

Erst wägen, dann wagen

2. Auflage 2024

Mathias Schilling GmbH & Co. KG
Insel Öhe 1, 18569 Schaprode

Texte: Laurette Schilling, Lars Herde
Layout & Illustrationen: Lena Daetz, www.fraudaetz.de
Druck und Bindung: rügendruck gmbh putbus
Vertrieb: Edition Pommern · www.edition-pommern.de

ISBN: 978-3-939680-83-3

edition POMMERN

Laurette Schillings Kampf
um die Schatzinsel

Erst wägen, dann wagen

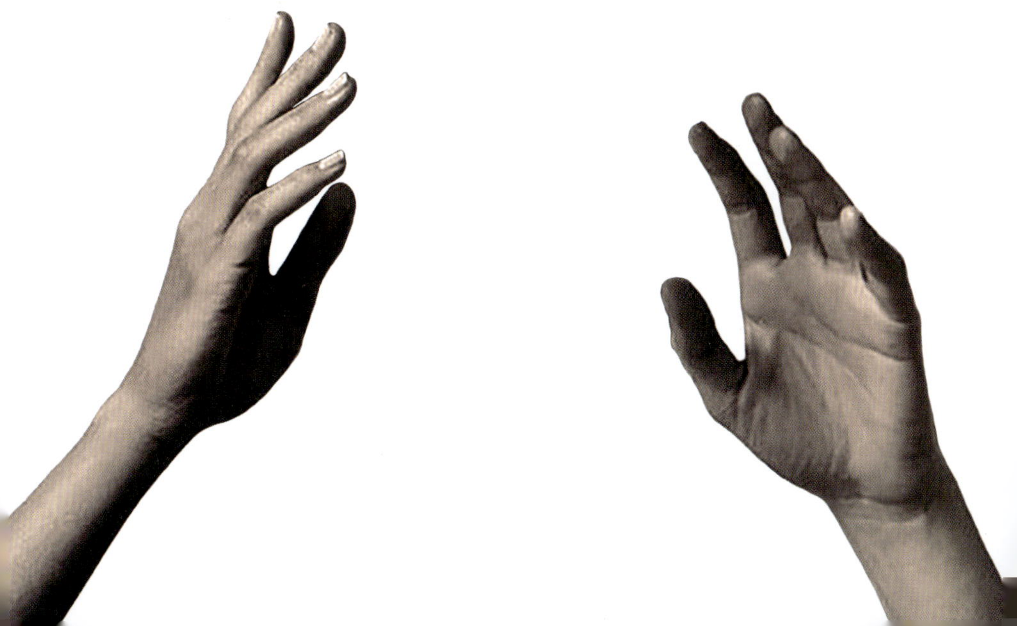

INHALT

LIEBE LESERINNEN, LIEBE LESER

was Sie zwischen diesen Buchdeckeln finden, wurde mit Herzblut geschrieben. Das Herz gehörte Laurette Schilling. Sie war gemeinsam mit ihrer Schwester Adelaide (Ida) Herrin der kleinen Insel Öhe zwischen Rügen und Hiddensee, seit 800 Jahren im Besitz unserer Familie. Sie war Tochter des Greifswalder Zoologen Dr. Wilhelm Schilling und seiner Frau Friederike, geborene von der Öhe. Sie war Rittergutsbesitzerin, Autorin, Kosmopolitin und emanzipierte Kämpferin. Sie war meine Urgroßtante – und ihren Zeitgenossen ein großes Rätsel.

Laurette Schilling lebte von 1837 bis 1903, doch scheint sie im Rückblick aus der Zeit gefallen. Zu ihrer Zeit regierte Großbritannien ein Viertel der Welt, das Bürgertum rebellierte gegen den Adel, Bismarck mühte sich, einen deutschen Staat zu bauen. Die meisten Menschen waren noch nie mit der Eisenbahn gefahren, kannten keinen Strom, kein Telefon, keine Fotografie. Männer bestimmten die Geschicke der Welt, Frauen durften weder wählen noch studieren. Sie brauchten in der Regel einen Vormund – natürlich einen Mann–, der sich um ihre Geschäfte, ihr Geld, ihren Besitz kümmerte. Halbwegs autonom waren Frauen nur auf drei Gebieten: Haushalt, Ehe, Mutterschaft.

Laurette Schilling scheint auf solches Denken gepfiffen zu haben. Sie war gebildet, las Hegel und Kant, korrespondierte mit Gott und der Welt und trug – Skandal! – lieber praktische Hosen als züchtige Röcke. Sie war unverheiratet, kinder- und furchtlos. Als Besitzerin der Insel trug sie mit ihrer Schwester, auch sie ohne Mann und Kind, Verantwortung für ein Erbe, das oft eher Last als Lust gewesen sein muss. Denn die 75 Hektar große Öhe war und ist eine Schatzinsel, die Begehrlichkeiten weckte und echte und vermeintliche Feinde schuf.

Diese Feinde waren durchweg männlich. Sie waren Gutsbesitzer und Richter, Staatsanwälte und Fischer, Gendarmen und Pächter, Bürokraten und Nachbarn. Sie alle glaubten, mit den beiden alleinstehenden „Fräulein“ auf der Insel leichtes Spiel zu haben. Doch sie täuschten sich in Laurette. Sie sah sich im Recht und kämpfte mit Mut, Verbissenheit, Sturheit und schier unerschütterlichem Glauben an den Rechtsstaat um dieses Recht. Das Buch, das Laurette Schilling über ihren Kampf schrieb und kurz vor ihrem Tod im Selbstverlag veröffentlichte, ist mehr als eine Rechtfertigung. Es ist spannende Chronik, Zeit- und Charakterstudie, vor allem aber: lebendig wie ein Drehbuch, aufregend wie ein Krimi.

Wir haben das Original-Manuskript für diese Ausgabe leicht gekürzt, neu strukturiert und behutsam überarbeitet. Die gekonnten Collagen der Hamburger Grafikdesignerin Lena Daetz illustrieren den Text nicht nur mit einem Augenzwinkern, sie erzählen eigene Geschichten. Ich lese die Geschichten dieses Buches mit einer Portion Stolz, einer Prise Bewunderung, aber auch mit einigem Kopfschütteln: Warum wollte Laurette stets mit dem Kopf durch die Wand? Wieso konnte sie keine Kompromisse finden, sich nicht aus dem Netz immer neuer Prozesse, Klagen, Anfeindungen befreien? Blieb ihr keine andere Wahl, als einen Kampf zu Ende zu kämpfen, der ihre Gesundheit und ihren Kontostand ruinierte? Hatte sie bei allem Kampf nicht das Ziel ihres Kampfes aus den Augen verloren: ein freies, selbstbestimmtes Leben auf der Öhe, die sie liebte?

Diese Liebe verstehe ich gut. Mein Großvater Wilhelm Heinrich Schilling erbte die Öhe 1921 von seiner Tante Ida, Laurettes Schwester. Mein Vater Carsten Schilling erbte die Insel 1996 von seiner Mutter Wera, Wilhelms Frau. Heute ist die Öhe das Zuhause und die Lebensgrundlage meiner Familie. Vor rund 15 Jahren gründeten meine Frau Nicolle und ich hier eine Mutterkuhhaltung. Wir wirtschaften biologisch und nachhaltig, betreiben einen Gasthof in Schaprode – den es schon zu Laurettes Lebzeiten gab –, sowie Restaurants und Hofläden auf Hiddensee, Rügen und in Stralsund. Unser Fleisch, unsere Konserven, der Fang der Hiddenseer Kutterfischer, aber auch die Zusammenarbeit mit unseren regionalen Partnern sind unsere Schätze.

Dies aufzubauen, erforderte Mut, Beharrlichkeit und eine Spur Sturheit – Eigenschaften, die auch meine Urgroßtante auszeichneten. Ihr Leitspruch „Erst wägen, dann wagen, doch nimmermehr zagen" war und ist auch mir Motto. Nur mit dem Kopf durch die Wand ging es nicht. Sonst wären, um ein Beispiel zu nennen, die Nachfahren der Hiddenseer Fischer, denen einst Laurettes Kugeln um die Ohren pfiffen, heute wohl nicht unsere Partner. Wer Recht hat, so glaube ich, muss nicht mit Härte auf Paragraphen pochen, sondern seine Anliegen geschickt und gelassen durchsetzen und dafür Verbündete finden. Einen handfesten Prozess musste ich in all den Jahren nicht führen.

Trotz allem: Laurette Schilling hat bei mir und anderen Spuren hinterlassen, die noch heute sichtbar sind. In der Literatur (siehe unsere „Spurensuche“ ab S. 13), auf unserer Insel (täglich gehen wir mit unseren Kindern unter den von Laurette gepflanzten Eichen zum einst heiß umkämpften Fähranleger) und in ihren Worten.

Doch lesen Sie selbst.

Ihr/Euer

Mathias Schilling

FLÜGEL FÜR DIE FANTASIE. EINE SPURENSUCHE.

von Lars Herde

Zuerst stapeln sich Adjektive im Kopf: widerständig, mutig, stur, unerbittlich, geradlinig hartnäckig, modern, kämpferisch, streitbar, besessen, emanzipiert. Der Mangel an Fakten und Fotos verleiht der Fantasie Flügel: Wer war diese Laurette Schilling, die in diesem Buch ihren Kampf gegen Obrigkeit und Macht, gegen Zeitgeist und Unrecht ebenso drastisch wie spannend schildert? Wie hat sie auf ihrer Schatzinsel gelebt und als Frau in einer Welt überlebt, in der alle Feinde männlich waren? Welche Spuren hat sie hinterlassen?

EIN DOPPELT UNSCHARFES BILD

Das vermutlich einzige Bild, das es von Laurette gibt (nicht einmal das ist sicher, manche meinen, dass es Schwester Ida zeigt), verrät wenig und ist im doppelten Sinn unscharf. Zeittypisch grau und verschwommen, lichtet es eine ältere, leicht beleibte Dame in Rock und Schürze ab, die gerade einen Eimer Wasser vom Brunnen holt. Ihr Gesicht wirkt friedlich und seltsam alterslos, der Blick schweift in die Ferne und scheint den Hof und das Ufer der Insel Öhe mit Wärme zu streifen. Kaum vorstellbar, dass diese ältere Dame im nächsten Moment den Wassereimer gegen eine Schrotflinte tauscht und Jagd auf übergriffige Fischer und aufgebrachte Polizisten macht. Laurette - wenn sie es tatsächlich ist - sieht eher aus wie eine gutmütige, hart arbeitende Magd, nicht wie die kämpferische Rittergutsbesitzerin, die sie war, und als die sie in allen Akten und Zeitungsberichten über ihren jahrelangen Kampf auftaucht.

Gewiss, das war vor 130 Jahren ein handfester Skandal: Eine Rittergutsbesitzerin - eine Frau, Herrin einer Insel! - liefert sich einen fast 20 Jahre dauernden Kampf mit Richtern und Polizisten, mit Bürokraten und Ämtern, mit Nachbarn und Pächtern. In diesem erbitterten Kampf ist Laurette, abgesehen von ihrem Rechtsbeistand, allein. Kein Ehemann, keine Kinder, keine einflussreichen Freunde stärken ihr den Rücken. Der Kampf wird sie Nerven, Geld, Reputation und unendlich viel Zeit kosten. Sie wird mehr Zeit vor Gerichten, in Gefängnissen, bei Ärzten und im „Irrenhaus“ verbringen als an ihrer geliebten Badestelle „Steinort“ auf der Insel Öhe. Statt die Bäume ihrer Eichen-Alle, die Blumen ihres Gartens und den hellen Himmel über ihrer Insel zu sehen, wird sie in dunklen, muffigen und engen Gefängniszellen verhärten, aber nicht verzagen. Zeitungen und Zeitzeugen werden mit öffentlicher Empörung und klammheimlicher Lust den Kopf schütteln und die Nase rümpfen über dieses „Fräulein“ von der Insel Öhe, das gerne Hosen trägt, der ganzen Welt die Stirn bietet und scheinbar furcht- und rücksichtslos für ihr Recht und ihre Insel kämpft.

„ERST PRÜFEN UND FRAGEN,
ERST WÄGEN, DANN WAGEN,
DOCH NIMMERMEHR ZAGEN!"

Laurette Schilling

FUTTER FÜR FALLADAS FANTASIE

Dieser Kampf wird sie sogar überleben. Drei Jahrzehnte nach Laurettes Tod 1903 wird der berühmte Schriftsteller Hans Fallada (1893-1947) in seinem 1934 erschienenen Roman „Wir hatten mal ein Kind“ (der auf Rügen spielt und Ihnen als märchenhafte Sommer-Lektüre ans Herz gelegt sei - sobald Sie unser Buch beendet haben), die Schwestern Laurette und Ida Schilling als „zwei alte Fräulein, Elfriede und Frieda Nipperwiese“ aufleben lassen.

Auf seiner Suche nach den sagenhaften Silberkühen segelt Malte Gäntschow, Vorfahr des Roman-Protagonisten, durch das erste Kapitel und „zwischen Steinort und Hiddensöer Fährinsel“ hindurch. Vermeintlich auf Rügen angelandet - es ist dunkle Nacht und der Held nicht besonders helle - macht Gäntschow sein Boot am Ufer der Öhe (die im Roman „Schaproder Oie“ heißt) fest. Was Gäntschow durch Falladas Augen sieht, ist ein Bild des Verfalls: „Jahre hindurch hatten die beiden alten verängstigten Mädchen den Niedergang der geliebten Heimat erlebt: die zerfetzten Strohdächer, die Wände, aus denen Fach um Fach fiel, die abgehauenen Prachtbäume, verkommende Äcker, schwindendes Vieh, Schandmähren statt Treckpferden, Wagen ohne Räder, leere Speisekammern, außer Betrieb gesetzte Butterfässer.“

Doch es kommt noch dicker: Dienstboten gibt es auf der Insel nicht, dafür ständigen Besuch hartnäckiger „Gerichtsboten mit Amtsmützen“, die „Stempelpapiere zur Unterschrift vorlegten und das Hoftor mit Versteigerungsankündigungen vollpflasterten“. Da entdecken die beiden älteren Fräulein den Mut der Schwachen und einen verrosteten „Schießprügel“ ihres dem Suff verfallenen Vaters. Mit dieser „verstummten und ungeladen bleibenden Donnerbüchse“ machen sie Jagd auf Gerichtsboten, Fischer und jeden, der sich mit seinem Kahn der Insel nähert. Zimperlich sind sie dabei nicht: „Ehe der gute Mann noch wusste, was eigentlich los war, hatte er drei oder vier kräftige Steine in Boot, Brust und Weiche, eine wild brüllende Kuh hatte versucht, mit ihren Vorderbeinen zu ihm in den Kahn zu klettern, was einem Schiffbruch mit schmählichem Ersaufen gleichgekommen wäre, und eine nicht weniger wild schreiende zweite Alte hatte ihm den Schießprügel vor die Brust gestoßen, dass er von der Bank auf den Bootsboden sank.“

Schließlich muss Malte Gäntschow – nebenbei: ein kräftiger junger Kerl – selbst Bekanntschaft mit den beiden Alten und ihrem frischen Kampfgeist machen: „Eine Sekunde erstarrte alles in ihm vor panischer Angst, dann spürte er die Schwäche der klammernden Arme, er riss sich herum und los. Mit einem leisen Aufschrei stürzte sich der Schemen wieder auf ihn zu, er kriegte ihn am Arm zu fassen – ach, ein Weib, nur ein Weib! Er griff fester. Und ein zweiter Schemen stürzte herbei, streifte ihm die Mütze vom Kopf, riss wild an seinen Haaren, dass er unterdrückt aufschrie... Dann spürte er einen grimmigen Biss in der Hand, die den ersten Schemen noch hielt.“ Dass die Fräulein nicht nur Biss, sondern auch spitze Forken haben, spürt Malte Gäntschow kurz darauf am eigenen Leib. „Betäubt von Schmerz, erfüllt von wahnsinniger Angst“ taumelt er traumatisiert zum Strand der Öhe und rettet sich in sein Boot. Falladas Fazit: „Verfluchte Insel! Verhexte Hexen!“

Hans Fallada war Viel- und Schnellschreiber. Zeit für gründliche Recherche hatte er nicht, Laurettes Buch, noch zu ihren

Lebzeiten im Eigenverlag erschienen, kannte er offenbar nicht. Das ist legitim, schließlich schrieb er einen Roman, keine Dokumentation. Fallada reichte, was er hörte, um seine Fantasie zu füttern. Jahre zuvor hatte er im Hiddenseer „Hotel am Meer“ unter Hochdruck an seinem größten Erfolg, dem Roman „Kleiner Mann - was nun?“ (1932), gearbeitet. Dabei hörte er offenbar Schauergeschichten von der kleinen Nachbarinsel Öhe und ihren einstigen Bewohnerinnen. Und so tauschte er nach seinem Großstadtroman „Kleiner Mann - was nun?“ und erstem Ärger mit den an die Macht gekommenen Nazis für seinen nächsten Roman die Straßen Berlins gegen die Ufer von Rügen und Schaproder Bodden. Der Wechsel des Schauplatzes veränderte die Perspektive des Autors. Während Fallada in seinen Werken sonst stets ein Herz für die „kleinen Leute“ hat, die der Obrigkeit trotzen, sind die nach Ida und Laurette Schilling gezeichneten Schwestern Nipperwiese zwei kuriose „Hexen“, die braven Polizisten und Amtsvorstehern die Hölle heiß machen. Von Sympathie, gar Solidarität mit den beiden Schwestern - keine Spur.

HUNDE-BISS UND SOMMER-BESUCH

Eine andere Spur Laurettes findet sich in der genau 20 Jahre früher, also 1914, erschienenen Novelle „Ein wundersames Eiland“ des schlesischen Schriftstellers Fedor Sommer. Anders als Fallada ist Sommer (1864-1930), dessen Romane auf einem soliden Fundament heimatkundlicher Forschungen stehen, fast vergessen. Das ist schade, denn so schlecht, wie ihre Titel vermuten lassen („Der Friede am Berge“, „Das Waldgeschrei“, „In der Waldmühle“), sind seine Bücher nicht. Das gilt auch für die 80 Seiten schmale Novelle „Ein wundersames Eiland“, deren Held, wie die Einheimischen sagen, ausgerechnet ein „Ackzesser" (also ein Assessor, ein Jurist) ist.

Dieser „Ackzesser" balanciert anfangs über die „morschen Balken des Bollwerks", ignoriert – für einen Juristen immerhin eine mutige Tat – das „mürrische" Schild, welches das Betreten verbietet, und findet sich in der Wildnis der Öhe wieder, „von der so viele Sagen drüben auf den anderen Inseln umgingen". Sagenhaftes hatte Sommer vor allem von den beiden Schwestern gehört, von denen zur Zeit seines Besuches (Carsten Schilling, ihr Großneffe und Vater des heutigen Insel-Besitzers Mathias Schilling, vermutet: „Sommer muss hier gewesen sein!") nur noch Ida lebt, mutterseelenallein auf ihrer Insel. „Und so hatte ich wirklich Mühe, mir diesen letzten Sprössling eines jahrhundertealten Edelgeschlechtes nicht als kundrymäßiges, bartstruppiges, in Sackleinwand gekleidetes, scheußliches Mannweib vorzustellen, das auf Fischer, Postboten, Gerichtsvollzieher und auf jeden anderen Eindringling kurzweg ein Schnellfeuer eröffne."

Doch der Sommer-Besuch beginnt nicht mit Schrot-Salven oder einem Biss von Falladas überlebender „Hexe". Stattdessen sieht sich der Besucher Aug in Auge mit einer englischen Dogge namens Pluto. „Die Angaben, die die von ihr gejagten Fischer über ihre Größe machten, schwankten zwischen Kalb und Pony, und die Zahl der von ihr Zerrissenen richtete sich selbst durch ihre märchenhafte Höhe." Ein märchenhaftes Happy end hat die Begegnung zunächst nicht: Pluto springt dem neugierigen Besucher trotz dessen gezückter Pistole und Idas entgegengesetztem Befehl an die Kehle. Ida, die im Buch Fräulein Söderström heißt, rettet sein Leben, indem sie Pluto – „er war mein letzter guter Freund" – eine Kugel in den

Kopf jagt und den ohnmächtigen Besucher auf ihre Couch bettet und aufpäppelt. Auf diesem wochenlangen Krankenlager erfährt der Held nicht nur hingebungsvolle Pflege, sondern auch Details des juristischen Kampfes um die Insel.

Denn die zunächst verschlossene und wortkarge Einsiedlerin wird zu einer Art Scheherazade. „1001 Nächte“ braucht sie nicht gerade für ihre Geschichten, doch erzählt sie gekonnt und spannend, wobei sich Wahrheit und Dichtung mischen. Besonders dicht ist das Netz von Sommers Dichtung an diesem Punkt: Die Schwester der Hauptfigur wird zu ihrer Mutter – Laurette taucht also als Mutter auf, die sie selbst nicht war. Auch eine vermeintliche, nur am Rand erwähnte Romanze mit Hans-Jochen, einem Gutsbesitzer-Sohn, hat es wohl nicht gegeben (Carsten Schilling: „Ausgeschlossen!“). Ansonsten aber ist der ein wenig spröde, aber stilistisch durchaus versierte Sommer der Wahrheit des Kampfes um die Schatzinsel näher als Fallada mit seiner üppigen Fantasie. Der Streit um den Strom, das Kappen der Fährleine, das Zerstören des Bootsanlegers – „wir wussten, dass das die Kriegserklärung bedeutete“ – füllen auf spannende Art Sommers Seiten. Dabei hatte er spürbar Laurettes eigene Schilderungen, die Sie hier in den Händen haben, gelesen. Zum Teil lässt Sommer sie in eigenen Worten zu Wort kommen, ohne dies – es gab ja zu seiner Zeit keine Plagiatsjäger – als Zitat zu kennzeichnen: „... und damit begann ein Rechtsstreit, der sich nach und nach zu einem richtigen Rattenkönig von Prozessen ausgewachsen hat“. Der „Rattenkönig“ nagt auch in Laurettes Manuskript an ihren Nerven.

Apropos: Sommer zeigt mit Sympathie und Empathie für seine Figur, wie die immer neuen Klagen, Anschuldigungen und

Verleumdungen ihre Nerven zerrütten. Sein Erzähler, ein „schon nicht mehr unparteiischer Zuhörer“, beißt vor Wut die Zähne zusammen, entrüstet sich über Bosheit und Borniertheit gegenüber den wehrlosen weiblichen Insulanern. Hässlicher noch als der Zoff mit den Leuten vom Festland ist der Streit mit den Pächtern auf der Öhe. „Denn bei der Abgeschlossenheit unseres Wohnplatzes, bei unserm ganzen engen Aufeinanderangewiesensein musste jede Feindseligkeit der Parteien das Eiland zur Hölle machen.“ Und Sommers Hauptfigur geht durch diese Hölle, was ihren Blick „verdunkelt“.

Der Blick des Erzählers beim Duchstöbern der Prozessakten ist umso klarer. Er erkennt, dass sich die Mutter in ihrem Kampf um die Insel auch verrennt, selbst zur „Bedrängerin“ wird und unnachgiebig die Paragraphen des Gesetzes reitet, von denen sie sich Hilfe in ihrem zermürbenden Kampf erhofft. Doch auch ihre männlichen Feinde glauben sich auf dem „Boden des Gesetzes“. Sommers Fazit: „Hätte die Unglückliche nur lieber den Rat eines geschulten Rechtsbeistandes einholen wollen, als sich auf ihr Familienbewusstsein und auf ihre dilettantischen Rechtsstudien zu stützen.“ Und doch: „...ich konnte es der zähe Kämpfenden nachfühlen, dass sie dies Fleckchen Erde, gedüngt durch Jahrhunderte mit der Sorgfalt ihrer Vorfahren, so leidenschaftlich verteidigt hatte in allen wirklichen und eingebildeten Rechten.“

REIZ UND RÄTSEL

Neben Sommer und Fallada war das „Fleckchen Erde“ auch für andere Kreative Reiz und Rätsel. Des Rätsels Lösung war mitunter reichlich langatmig, wie etwa der Roman „Die Insulaner“ des Arztes und Schriftstellers Philip Galen (1813-1899). Galen, der ein Vorbild Karl Mays gewesen sein soll, ist auf Rügen berühmt für den Roman „Der Strandvogt von Jasmund“. Er wird noch heute, oft bearbeitet, meist gekürzt, gelesen. Die 1861 in sagenhaften vier Bänden erschienenen „Insulaner“ sind hingegen fast vergessen. Das liegt wohl nicht nur am sperrigen Untertitel „Rugianisches Charakterbild“. Das Buch spielt auf der Öhe zuzeiten Gottliebs von der Öhe, kommt also ohne Laurette aus, und ist, trotz der netten Krimi-Geschichte um geklaute Findlinge und Bullen, schwere Kost.

Ein ganz anderes Kaliber war da Gerhart Hauptmann (1862-1946). Der schrieb zwar nicht über die Öhe, hatte aber ein Auge auf sie geworfen. So jedenfalls erzählt es Carsten Schilling. Vermutlich fühlte sich der Dramatiker Hauptmann auf seinem Hiddenseer Sommersitz wegen der vielen Besucher wie auf offener Bühne. Da wäre die abgeschiedene Öhe willkommener Rückzug gewesen. Hauptmann soll die Insel besichtigt und fast gekauft haben – was Ida niemals zugelassen hätte. Aber reizvoll ist die Fantasie (für Hauptmann-Leser, nicht für die Insel-Erben), dass Hauptmann vom Geld seines Nobelpreises der damals noch lebenden Ida Schilling die Öhe abgekauft und über das Drama ihrer Schwester geschrieben hätte.

So klein die Öhe ist, sie zog einen weiteren Nobelpreisträger an: Günter Grass (1927-2015). Dessen zweite Frau Ute wurde 1936 auf Hiddensee als Tochter des dortigen Insel-Arztes Dr. Wilhelm Erhard geboren, war ausgebildete Organistin und heiratete Grass 1979. Bekannt ist, dass Ute Grass ihren Mann mit ihrer Leidenschaft für Fontane ansteckte, was zu seinem späten Roman „Ein weites Feld“ (1995) führte. Und so wird sie ihm früh auch von der Insel Öhe, auf der sie schon als Kind zu

Gast war – die Familien Erhard und Schilling sind bis heute befreundet – erzählt haben.

Für den auf Geschichten hungrigen Grass ein gefundenes Fressen: Im Roman „Der Butt“ 1977) taucht zwar nicht Laurette, wohl aber die Öhe („zwischen der langgestreckten Insel Hiddensee und der großen Insel Rügen“) sowie Wera Schilling (Nichte von Laurette, Großmutter von Mathias Schilling) auf. Wera, die die Öhe mit viel Geschick durch das schwere Fahrwasser der DDR-Zeit steuerte und durchaus ein Herz für den West-Autor Grass hatte, war über ihr „Butt“-Porträt wenig begeistert. Schließlich hatte Grass von einem „Büddelchen“ fabuliert und damit auf ihre Vorliebe für Rotwein angespielt. Wera sah rot und verbot dem berühmten Grass („Südelschriftsteller!“) bei seinem nächsten Besuch glatt die Insel. Doch Günter und Ute Grass hatten schon einen Schaproder Fischer angeheuert, der sie übersetzte. Happy end: Wera schluckte bei einem gemeinsam getrunkenen „Büddelchen“ ihren Ärger herunter, die Familien Grass und Schilling vertrugen sich wieder. 2011 besuchte Grass die Öhe ein letztes Mal.

Grass, Hauptmann, Sommer, Fallada (weitere Beispiele wie Erich Gülzows „Ein weiblicher Michael Kohlhaas“ oder Karl Peplows: „Den`n Düwel siene Schwester“ könnten dieses Kapitel verlängern) – die Öhe und ihre Bewohnerinnen reizten die Fantasie und beflügelten die Dichter mehrerer Generationen. Doch von der Dichtung zurück zur Wahrheit.

FASZINATION DER FAKTEN

Wer also war diese Laurette Schilling wirklich? Die Fakten sind dürrer als die Fiktionen, aber nicht weniger faszinierend. Geboren wurde Laurette am 12. Mai 1837 in Greifswald, zwei Jahre nach ihrer älteren Schwester Adelaide, genannt Ida (geboren 11. Juni 1835). Die ältere wird die jüngere Schwester um fast 20 Jahre überleben. Vater der beiden war Dr. h.c. Wilhelm Schilling (1790-1874), von 1820 bis 1853 Konservator am Zoologischen Institut der Greifswalder Universität. Mit knapp 40 Jahren bekam Wilhelm die Ehrendoktorwürde – obwohl er keinen akademischen Abschluss hatte. Ein Studium an der Leipziger Uni hatte er gleich im ersten Semester abgebrochen.

Stattdessen zog es Wilhelm Schilling in die Ferne. 1818 reiste er nach Pommern, in Greifswald wurde der Naturphilosoph und Botaniker Christian Friedrich Hornschuch auf ihn aufmerksam. Er verschaffte Schilling den Job als Konservator und förderte seine forscherische Neugier. Wilhelm Schillings Herz hing an pommerschen Vögeln, von denen er eine Sammlung anlegte. Er half aber auch bei der Bergung und Zerlegung eines gestrandeten Finnwals. Zu seinen Bekannten zählten Berühmtheiten wie Alexander von Humboldt. Bei einem Besuch zeigte ihm Wilhelm Schilling den Balg einer Brandgans – und Humboldt hielt die Luft an: Einen ähnlich schönen Vogel habe er auf keiner seiner Weltreisen gesehen.

Auf seinen eigenen Reisen war Wilhelm Schilling in den Sommern 1818 und 1819 nach Rügen gekommen, hatte Seevögel beobachtet und die schönsten erlegten Exemplare gesammelt. Bei einem Besuch der Insel Öhe machte er offenbar Jagd auf die Schwester des damaligen Insel-Besitzers Gottlieb von der Öhe, Friederike. Die beiden heirateten am 27. September 1822 in der Schaproder Kirche. In der Ehe scheint Wilhelm weniger glücklich gewesen zu sein als in der Natur. Er galt als aufbrausend und jähzornig und scheute nicht vor der damals noch unschicklichen Scheidung zurück. Einen Knick für seine Karriere bedeutete das Ehe-Aus nicht, er zog nach Naumburg, heiratete erneut, schrieb Lehrbücher und erforschte Vögel auf Helgoland. Friederike, die in den überlieferten Erzählungen der Familie merkwürdig blass scheint, blieb als alleinerziehende Mutter mit ihren Töchtern Ida und Laurette sowie Sohn Theobald in Greifswald und träumte zeitlebens von ihrer Kindheit und Jugend auf der Öhe.

Kein Wunder, dass auch Ida und Laurette früh von einem Leben auf der Schatzinsel schwärmten. Doch zunächst wuchsen sie urban auf, wohnten in einem großen Haus am Marktplatz (Markt 17) und fielen schon bald aus dem Rahmen, der jungen Frauen ihrer Klasse damals Grenzen setzte. Laurette und Ida pfiffen auf Konventionen, flotte Kleider, die Suche nach einem standesgemäßen Ehemann. Lieber liefen sie in extravaganten Hosen und in Begleitung einer riesigen Dogge durch die Uni-Stadt und sorgten so für Aufsehen und Stirnrunzeln. Zumindest Laurette muss Aufsehen und Extravaganz kultiviert haben, doch war beiden Schwestern Sein wichtiger als Schein. Sie lasen, zeichneten, schrieben, musizierten, griffen energisch nach jeder Art Bildung und schrieben früh Briefe in alle Welt – doch offenbar nie an ihren Vater. An einen Beruf, gar ein Studium war für Frauen in der Mitte des 19. Jahrhunderts nicht zu denken. Wovon die beiden Schwestern lebten? Carsten Schilling, ihr Großneffe: „Sie verdingten sich als sogenannte Gesellschafterinnen in

Greifswald. Sie lasen reichen Damen vor, pflegten Kontakte, perfektionierten ihre Fremdsprachen-Kenntnisse."

Ihr fast makelloses Englisch – spätere Briefe zeugen davon – brachte Ida und Laurette schließlich nach England. Auch dort lebten sie einige Jahre – genauer wissen wir es nicht – als Gesellschafterinnen. Eine Widmung an „Miss Laurette Schilling" vom Sommer 1876 in einer alten Bibel, die noch heute im Besitz von Familie Schilling ist, zeugt von einem ihrer Besuche in Sandown auf der Isle of Wight, einem schon damals bekannten Badeort. Was wir wissen: Laurette schätzte englische Gartenarchitektur (was man später ihrem Park auf Öhe ansah). Sie liebte und las englische Literatur von Shakespeare bis Dickens (der ihr Zeitgenosse war). Sie hatte das „Chambers Journal", eine in Edinburgh, später in London erscheinende Zeitschrift abonniert, die historische, wissenschaftliche, religiöse Beiträge brachte und Literatur der besten Autoren veröffentlichte. Das „Chambers Journal" wurde ihr auch geliefert, als sie schon auf der Öhe lebte und mit den Postzustellern und aller Welt über Kreuz war. Ebenso hatte Laurette ein Abo der deutschen Illustrierten „Gartenlaube", die unter anderem Romane von Fontane in Fortsetzungen druckte. Typische Frauen- und Familien-Zeitschriften, die zu ihrer Zeit erschienen, finden sich übrigens in den Resten von Laurettes Bibliothek nicht. Dafür zerlesene Hegel-Bände und Kants „Kritik der reinen Vernunft".

DER KAMPF UM DIE SCHATZINSEL

Ob es vernünftig war, dass Laurette und Ida Schilling die Öhe 1878 zurückkauften? Gemessen an den zermürbenden Kämpfen, die dem Kauf folgten, wohl nicht. Aber die beiden

Schwestern hingen an der Öhe. Dass ihr Onkel Gottlieb die Insel verkauft hatte, weil Laurettes und Idas Bruder Theobald als Erbe die Segel strich und lieber in Chile sein Glück suchte, hatten sie nicht verwunden. Also verkauften sie ihr Haus am Greifswalder Markt, kratzten den stattlichen Kaufpreis von 95.000 Reichsmark zusammen und wagten den Neustart auf der Öhe, die sie zunächst selbst bewirtschafteten. Fakten über diesen Neuanfang gibt es kaum. Aber die Fantasie malt sich aus, dass die beiden unverheirateten Frauen, jetzt Rittergutsbesitzerinnen, weitgereist und hochgebildet, von den heimischen Rüganern und Hiddenseern vom ersten Moment an mit hochgezogenen Augenbrauen statt mit offenen Armen empfangen wurden. Zumal manche Nachbarn, etwa Julius von Bohlen, Besitzer des Nachbargutes Streu, längst ein Auge auf die Öhe geworfen hatten.

Was folgt, ist ein zwei Jahrzehnte dauernder Kampf um die Insel, von dem Laurettes Manuskript erzählt. Gekämpft wird mit harten Bandagen und eisernem Willen, mit Finten und Flinten, ohne Rücksicht und Verzeihen. Laurette steht in diesem Kampf gegen patriarchale Strukturen allein; ihre Gegner sind Gutsbesitzer und Gendarmen, Richter und Staatsanwälte, Fischer und Pächter – durchweg Männer. Sie ist nicht das leichte Opfer, für das die Herren sie halten, sie kämpft auch nicht mit den sprichwörtlichen Waffen einer Frau. Ihr Kampf ist hart, unerbittlich, mitunter verbittert, uferlos. Sie wagt viel, wägt wohl zu wenig und verzagt nie. Hatte sie eine Wahl?

Aus dem sicheren Abstand von 130 Jahren liest sich Laurettes Schilderung dieses Kampfes wie ein spannendes Abenteuer, ein Krimi in atemlos schöner Kulisse. Doch der reale Kampf der in jeder Hinsicht allein stehenden Frau hatte Züge einer

Tragödie. Am Ende war Laurettes Gesundheit ebenso ruiniert wie ihr Konto. Selbst um ihren Sarg gab es noch Streit: Die Greifswalder Behörden verweigerten dem Schiffer, der die tote Laurette nach Greifswald segelte, wo sie beerdigt werden sollte, das Anlanden. Begründung der Behörden: Es fehlten Unterlagen. (Die lebende Laurette hätte sofort geklagt.) Haus und Wirtschaft auf der Öhe verfielen nach Laurettes und Idas Tod (Carsten Schilling: „Man konnte vom Wohnzimmer durch Dach- und Deckenschäden in den Himmel schauen.") und mussten von Carsten Schillings Vater Wilhelm Heinrich Schilling, dem Großvater des heutigen Insel-Besitzer Mathias Schilling, der Sie im Vorwort dieses Buches begrüßte, neu

aufgebaut werden. Immer neue Anfänge – nach dem Zweiten Weltkrieg, nach der Wiedervereinigung – sollten bis heute folgen. Jeder Neuanfang war Wagnis und Kampf.

WAS BLEIBT

Was bleibt von Laurette Schilling? Zuerst ihr Motto: „Erst wägen, dann wagen". Es ist nicht nur Titel unseres Buches, sondern heute auf der Öhe gelebter Alltag. In den letzten 15 Jahren hat ihr Urgroßneffe Mathias Schilling hier ein abenteuerliches, manchmal kräftezehrendes Doppelleben als Insel-Herr mit biologischer Landwirtschaft, als Gastwirt, Unternehmer und Robin Hood einer ganzen Region begonnen. Als Mathias Schilling die Öhe 2006 von seinen Eltern übernahm – sein Vater Carsten war zu DDR-Zeiten über die Ostsee in den Westen geflüchtet, Großmutter Wera brachte die Insel mit Geschick und Eigensinn durch die Strudel sozialistischer Politik – hatten er und seine Frau Nicolle zwei Mutterkühe, jede Menge Ideen, Energie und Entschlossenheit, aber kaum Geld. Die Familie wägte – und wagte dann den Sprung ins unternehmerische Abenteuer. Auf die Frage nach seiner Motivation verweist Mathias auf die Vergangenheit: „Anfangs spielte ein gewisser Trotz eine Rolle. Mein Vater sagte: ‚Von der Öhe konnte noch nie jemand leben.' Ich wollte ihm und mir das Gegenteil beweisen. Die Abwesenheit goldener Löffel war da durchaus hilfreich. Sie hat mich manchen Umweg, und dadurch wichtige Erfahrungen machen lassen."

Die vielleicht wichtigste Erfahrung: Kämpfen kann man auf vielerlei Weise. Laurettes Weg – stets mit dem Kopf durch die Wand – ist auch Mathias Schilling vertraut. Hilfreich ist er nicht unbedingt. „Die Gelassenheit, Konflikte auszuhalten und Widerständen mit Geschick zu begegnen, musste ich lernen. Ebenso wie die Erkenntnis, dass Kompromisse kein Zeichen von Schwäche sein müssen." Kompromisse – für Laurette scheinen sie undenkbar gewesen zu sein. Denn für Kompromisse braucht es Willen auf beiden Seiten. Ihre männlichen Gegner, so scheint es, setzten auf Sieg, nicht auf Verständigung. So blieb auch Laurette nur der Kampf „mit männlichem Sinn", wie es eines der über sie vom Gericht angeforderten psychologischen Gutachten beschreibt. Dass Mathias Schilling und seine Familie mit Mut zum Wägen und Wagen, aber auch mit einem Netzwerk von Freunden und Partnern aus der Insel Öhe einen lebendigen Ort gemacht haben, der in die Region ausstrahlt, dürfte Laurette ein ungläubiges, aber anerkennendes Kopfschütteln abnötigen.

Den Kopf schütteln werden gelegentlich auch die Leserinnen und Leser von Laurettes Manuskript. Sie begegnen einer außergewöhnlichen Frau, die die Rahmen und Grenzen ihrer Zeit sprengte. Die nicht nur einen furchtlosen Kampf für ihre Schatzinsel focht, sondern sich auch Schablonen und Konventionen verweigerte. Dass sie auf ihrer Insel Hegel und Kant las, wissen wir. Ob sie auch Nietzsche kannte? Dieser Satz des Philosophen hätte ihr bestimmt gefallen: „Wir leben nicht für die Zukunft, wir leben, damit uns eine Vergangenheit bleibt."

Über ein Jahrhundert nach ihrem Tod macht dieses Buch Laurettes Vergangenheit für Sie lebendig.

Eine schöne Pointe – für ein gewagtes, rebellisches Leben.

1

EIN EILAND NAMENS ÖHE

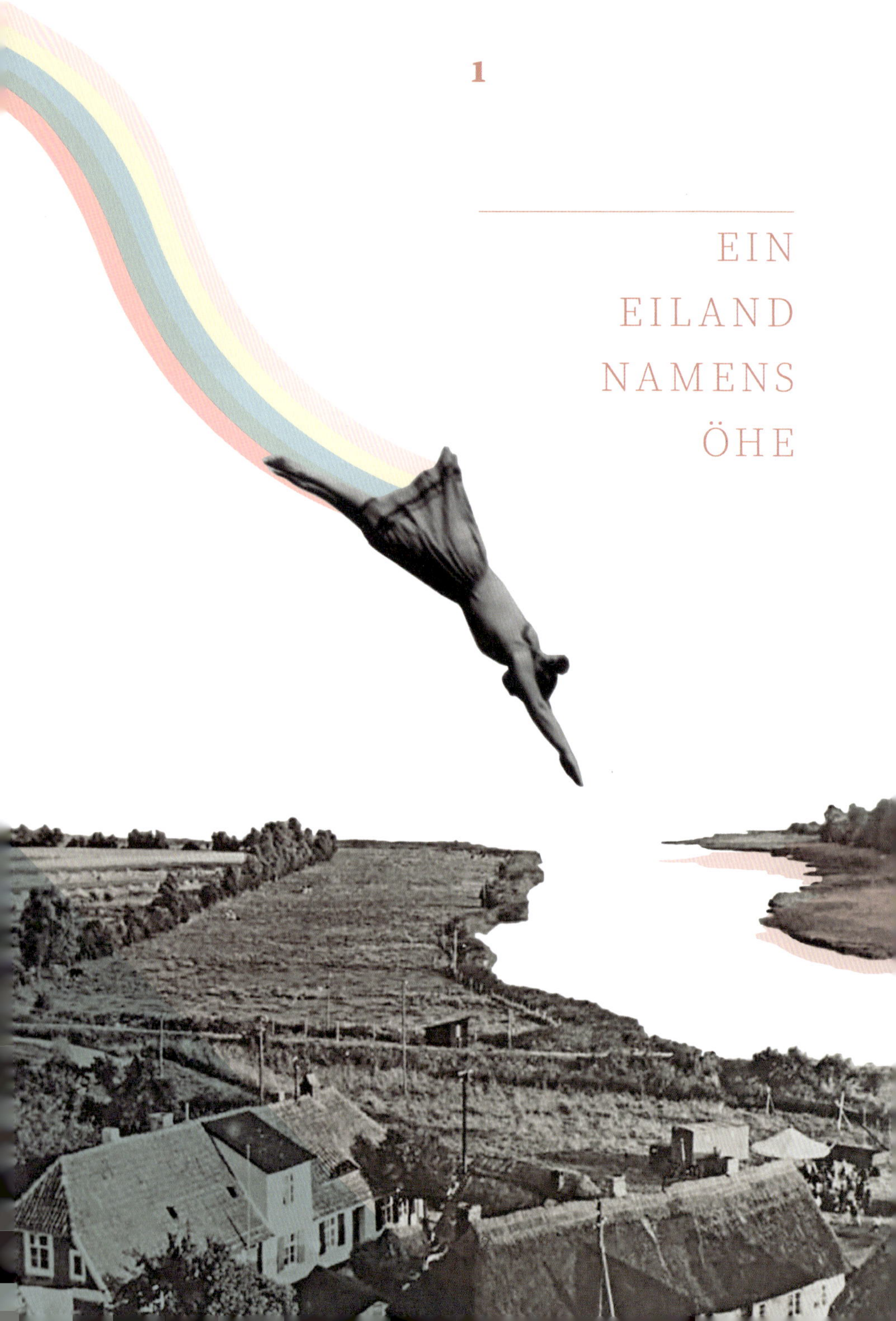

Zwischen der nordwestlichen Landzunge der Insel Rügen und den Inseln Ummanz und Hiddensee liegt ein Eiland. Es ist dies die Insel Öhe, die ein schmaler Wasserarm von der größeren Insel Rügen trennt. Seit mehr als fünf Jahrhunderten war die Insel im Besitz eines alten Geschlechts, derer von der Oehe. Das Wesen dieses Geschlechts war, wie häufig bei den alteingesessenen Anwohnern des Meeres, geprägt von gerader Anschauung, schlichter und biederer Denkungsart, aber auch von einem festen Rechtsbewusstsein. Im Verein mit meiner Schwester Ida bin heute ich Besitzerin der Insel Öhe. Meine Mutter war eine geborene von der Oehe, der Name starb mit ihrem Bruder, dem vorherigen Besitzer der Insel, aus.[1]

Die Familie von der Oehe, der auch ich angehöre, ist eines der ältesten Adelsgeschlechter der Insel Rügen gewesen. Wenn ich nicht allein das Andenken an dieselbe, sondern auch ihre durch Lehen und Besitz erworbenen Rechte den Nachkommen zu erhalten trachte, so dürfte dies wohl in mehr als einer Beziehung berechtigt sein.

2

EIN BLICK ZURÜCK

Zur näheren Information über das Alter der Familie von der Oehe mag eine Abhandlung von Dr. A. Haas in Stettin[2] von Interesse sein:

„Die Insel hieß in slawischer Zeit Ostrov, also umflossenes Land. Im Jahr 1318 führt sie aber schon den Namen Oehe. Seit alter Zeit befand sich die Insel im Besitz der Familie von der Oehe. Wie dieselbe in den Besitz derselben gelangte, lässt sich zufällig genau-

er angeben. Die Familie von der Wisch war im 12. Jahrhundert von Westfalen nach Holstein gewandert. In der zweiten Hälfte des 13. Jahrhunderts siedelte ein Mitglied dieser Familie wieder von Holstein nach dem Fürstentum über. Als Söhne dieses eingewanderten Herrn von der Wisch lernen wir in dem Stralsunder Bundesbrief vom Jahre 1316 die Knappen Heinrich und Johannes von der Wisch kennen. Dem Johannes von der Wisch war von dem Lehen des Vaters die Insel Oehe zugefallen. Er kommt schon 1314 unter der Bezeichnung Johannes de Insula, quod dicitur Oe, vor. Auch trägt sein Siegel die Unterschrift Janoh von der Ooy, während er im Text der Urkunde noch Johannes von der Wisch heißt.

Diese Ortsbezeichnung „von der Oe" verdrängte nun allmählich den eigentlichen Familiennamen von der Wisch und erbte auf des Johannes von der Oe Söhne und Nachkommen als Familiennamen fort. Wir haben hier also eine historisch sicher nachweisbare Namensänderung. Der ältere Bruder Hinricus von der Wisch und seine Nachkommen behielten den alten Familiennamen bei; er selbst lebte noch 1339. Sein Sohn Nicolaus de Wisch begegnet uns in einer Urkunde von 1349 und wird hier als Neffe des Johannes van der Oe bezeichnet. Des Nikolaus' Söhne, Heino van der Wisch 1367 und Nikolaus van der Wisch 1383, scheinen die letzten dieses Namens auf der Insel Rügen gewesen zu sein. Es ist wohl nicht zu bezweifeln, dass die Ortschaft Wisch[3] der Familie von der Wisch seinen Ursprung und Namen verdankt.

Nach einer alten Familientradition der Familie von der Oehe soll einst ein Fürst von Rügen einem Edelmann seines Gefolges, der ihm auf der Jagd sehr wichtige Dienste geleistet hatte, die Insel als Erbe und Lehen für sich und seine Nachkommen geschenkt haben, und dieser soll dadurch den Namen des Eilands als Geschlechtsnamen angenommen haben."

Soweit der Chronist.

3

EIN RATTENKÖNIG VON PROZESSEN

So anmutig auch die Insel Öhe ist und so eigenartig der Reiz sein mag, ein ringsum von Wasser begrenztes Besitztum sein Eigen zu nennen, würde doch die ein Rittergut tragende Öhe kaum den Anspruch auf weiteres Interesse erheben können. Wenn sie nicht seit einer geraumen Zeit von Jahren der Schauplatz eines Rechtsstreits wäre, der zu den interessantesten unserer Justiz gehört und der im Lauf der Zeit eine solche Form angenommen hat, dass er die Beachtung der Allgemeinheit auf sich lenkt. Aus einer prinzipiellen Zivilklage hat sich ein wahrer Rattenkönig von Prozessen entwickelt, welcher namentlich die eine Mitbesitzerin der Öhe – mich – zu einer Hetze verurteilt hat, die ebenso unverdient wie höchst bedauernswert ist. Da der Rechtsstreit und seine kaum glaublichen Folgen nicht so bekannt sind, dass man sich ein klares Bild von den Tatsachen machen kann, will ich anhand des umfangreichen Aktenmaterials eine objektive und leidenschaftsfreie Darstellung dieses Justiz-Dramas geben.

Eine vorausgeschickte Erklärung ist für das Verständnis der verwickelten Rechtsstreitigkeiten erforderlich: Ein 33,5 Meter breiter „Strom“, der an den Ufern von äußerst geringer Tiefe ist, trennt die Öhe von der Wasserkante Rügens und dem ihr gegenüberliegenden Kirchdorf Schaprode[4]. Dieser Auslauf des sogenannten Stroms bildet den einzigen Verbindungsweg nach Rügen hinüber. Das war seit undenkbaren Zeiten so. Eine ebenso lange und als Privateigentum der Öhe-Besitzer existierende Fähre war von jeher bis heute das einzig übliche und zweckmäßige Verkehrs- und Transportmittel für die Wirtschaftserzeugnisse und Bedarfsgegenstände der Insel. Ohne sie wären die Bewohner gänzlich abgeschnitten von aller Welt gewesen.

Diese Fähre ist so alt, dass sie dem Ort Schaprode seinen Namen gegeben hat. Dieser, eine ehemalige slawische Ansiedlung, hat früher nach alten Werken und pommerschen Urkunden „Sza-broda" geheißen. Das bedeutete so viel wie „jenseits der Fähre". Eine von der Öhe nach Rügen straff gespannte Fährleine vermittelt und erleichtert die Benutzung der Fähre. Diese Leine ist bereits auf den ältesten Karten angegeben. Endlich sei schon hier erwähnt, dass sowohl auf der Seite der Öhe als auch auf der des Dorfes Schaprode sich je eine Fähr-Landungsbrücke befindet und immer befand, denn der an den Ufern des Stromes niedere Wasserstand gestattet ein Anlegen der Fähre am Ufer nicht. Westlich von der auf der Schaproder Seite befindlichen Landungsbrücke sind in einem Abstand von 30 bis 50 Fuss[5] von derselben seit langer Zeit zwei Schiffslagen („Schepelagen") angelegt, die den Schutenschiffern zweier Güter aus der Schaproder Gegend als Lager dienen. Diese vorausgeschickte Erklärung war erforderlich, um die sich von diesem Punkt aus entwickelnden und verwickelnden Rechtsstreitigkeiten verstehen zu können.

Unweit des Dorfes Schaprode, gegenüber der Insel Öhe, liegt das Rittergut Streu. Es war seit einem Jahrhundert im Besitz der Familie von Bohlen. Im Lauf der Zeit haben die Herren von Bohlen hin und wieder versucht, die Insel Öhe zu einem

altes Schiffslager
vor Schazrode.
Insel Öhe

Dorf Schaprode
1866 neu erbautes Bollwerk
1881 neuerb. Bollwerk Streu
Öher Schiff- und Boots anlage.
Insel Öhe
Maaßstab.
40 60 80 100 m
und dem Dorfe Schaprode.
den vereidigten Feldmesser Preusse.
vereidigten Feldmesser Preuße.

annehmbaren Kaufbetrag ihrem Gut hinzuzufügen. Dass die Herren von Bohlen durch die Herren der Öhe immer wieder abgewiesen wurden, rief seit langer Zeit eine nicht geringe Spannung hervor, die bereits zu kleinen gerichtlichen Auseinandersetzungen führte.

Als der damalige Besitzer von Streu, Julius von Bohlen, erfuhr, dass die Insel Öhe 1876 an meine Schwester und mich als Besitzerinnen übergegangen war, ließ er sich als Gutsvorstand anbieten. Angeblich, weil er Interesse an der Wahlstimme unserer Insel hatte[6], doch hat sein späteres Verhalten gezeigt, dass der wirkliche Grund für sein Verhalten ein anderer gewesen sein dürfte. Gewiss hatte Herr von Bohlen geglaubt, dass die beiden Frauen - meine Schwester und ich - leichter nach seinem Sinn zu dirigieren sein würden, als wenn ein Mann auf der Insel maßgebend wäre.
Zwar wurde Julius von Bohlen mit unserem Einverständnis zunächst Gutsvorstand für die Öhe. Als er aber begann, Schaproder Fischern zu gestatten, ihre Boote an der Stromseite der Öhe anzulegen und dafür Lagergelder erhob - und zwar aufgrund einer angeblichen uralten Belehnung seiner Familie -, kam es zu Differenzen. Auf unseren Antrag wurde für die Öhe ein anderer Gutsvorstand bestellt. Der verdrängte von Bohlen, der das Amt zwei Jahre inne gehabt hatte, trat nun in offener und fast beispielloser Feindschaft gegen uns auf. So zerstörte er 1880 gewaltsam die uns gehörende Landungsbrücke auf der Schaproder Seite. Ferner ließ er wiederholt die Fährleine zerreißen. Auch ließ er trotz unseres Widerspruchs eine Anzahl Fischer aus Schaprode auf Seite der Öhe ihre Boote hinlegen und erhob dafür von ihnen eine Pacht von 6 Mark pro Jahr. Das veranlasste uns 1882 zu einer Klage gegen von Bohlen. Trotz allem ging die Anmaßung des von Bohlens so weit, dass

er nicht allein die Gerechtsame für die Schiffslage bei Schaprode, sondern auch noch die ausschließliche Hafengerechtigkeit über den sogenannten Schaproder Strom beanspruchte und allen Anwohnern desselben alle Rechte an denselben absprach. Er wollte sogar den Bewohnern der Öhe verwehren, die für jede vom Wasser umschlossene Insel erforderlichen Boote anzulegen.

Obgleich angesichts der von unserer Seite beigebrachten Urkunden das Recht zweifelsohne auf unserer Seite war, verstand es unser Prozessgegner, Herr von Bohlen, die Meinung einzelner Richter für sich zu gewinnen und stundenlang für seine gewagten Auseinandersetzungen Gehör zu finden. Sein Erfolg war, dass wir in den ersten Instanzen zumeist unterlagen. Leider nahm aber von Bohlen nicht nur die Meinungen der Richter für sich ein, so dass unsere durch mich vertretenen Ansprüche unglaubhaft erschienen und besonders ich, die die Führung der Geschäfte und die Verantwortung gegenüber dem Gericht auf mich genommen hatte, den Eindruck einer „Querulantin" machen musste. Aus dieser ungünstigen Stimmung gegen mich entstand eine beinahe epidemische Voreingenommenheit, die zu meinem Unheil wurde. Verschärft mochte dies noch durch mein von Kriecherei freies Auftreten geworden sein – vielleicht auch, weil man meine natürliche Lebensweise außerhalb der so genannten Gesellschaft, meine temperamentlose Auffassung der Dinge und mein unentwegtes Eintreten für die seit Jahrhunderten bestehenden Rechte unserer Familie und ihres Besitztums für Verschrobenheit hielt.

Es entstand eine beinahe epidemische Voreingenommenheit, die zu meinem Unheil wurde, verschärft durch mein von Kriecherei freies Auftreten.

4

GEKAPPTE POST, ZERTRÜMMERTE BOOTE

Meine Feinde schreckten vor keinem Mittel zurück, haben schmachvolle Komplotte geschmiedet und Komödien von Intrigen erdacht, um mich unschädlich zu machen. Auf ihre Veranlassung scheuten eine Anzahl Fischer, sogar mein eigener Pächter, nicht vor Anschuldigungen wie Freiheitsberaubung, Diebstahl, Mord- und Totschlagsversuch zurück. Sie erreichten denn auch, dass man mich mehrfach verhaftete, mich ins Gefängnis, ja, sogar ins Irrenhaus steckte. Aber mich mundtot und so mürbe zu machen, dass ich den Kampf um mein Recht aufgab, erreichten sie nicht.

Dennoch bedurfte es eines starken Anstoßes, meine vorliegende Schrift an die Öffentlichkeit zu bringen. Eine der folgenschwersten Maßnahmen gegen mich und die Bewohner unserer Insel ist die seit dem 4. Juli 1894 erfolgte Einstellung des gesamten Post- und Telegraphenverkehrs nach Öhe. Sie wurde durch die Oberpostdirektion in Stettin angeordnet[7]. Alle an die Öhe adressierten Briefe gehen nur bis an die Postagentur in Schaprode, wo sie 14 Tage liegen bleiben, um dann im Fall der Nichtabholung an den Absender als unbestellbar zurückgesandt zu werden. Durch diese Bestimmung, welche alle meine Einwände nicht zu ändern vermochten, sind wir vollständig von der Außenwelt abgeschlossen. Hiergegen Einspruch zu erheben, halten wir für unser gutes Recht, das wir aber schon seit fünf Jahren vergeblich in Anspruch nehmen.

Anstatt die Verkehrsgelegenheit zu unserer Insel, die mit geringen Mitteln herzustellen ist, zu erleichtern, ist seit vielen Jahren unsere Fähreinrichtung beschädigt und der Verkehr erschwert worden. Dies alles sind Folgen der endlosen Prozesse mit von Bohlen und seiner Anhängerschaft. Der durch diese Prozesse und ihre lange Dauer uns erwachsene Schaden ist enorm und kaum in Zahlen zu berechnen. Die Folgen sind zunächst:

1. Einstellung des gesamten Postverkehrs,
2. Entziehung unseres von der Verpachtung ausgeschlossenen Rammprahms und Fährboots und Verweigerung der mir zustehenden Kontraktfuhren[8],
3. Aufhebung der seit Jahrhunderten zwischen Öhe und Rügen bestehenden Privatfähre,
4. vertragswidrige Umwandlung der feinen Rohr- in Krummstroh-Dächer[9],

5. Entziehung des Einschnitt-Krummstrohs als Dungacker-Material[10]. Danach wird der Acker nicht mehr zugedüngt und sieben Jahre nach der in diesem Jahr ablaufenden Pachtperiode durch Raubbau entwertet.

Der durch die willkürliche Aufhebung der wichtigsten Pachtbestimmungen, durch das Losreißen und Verdrängen unserer Boote, welche seit April 1885 zertrümmert auf dem Öher Ufer liegen und durch die Einstellung der Fischereiausnutzung[11] entstandene Schaden war uns durch die Anmaßung von Bohlens entstanden. Nichts lag näher, als diesen dafür haftbar zu machen. Aber seit April 1886 wich unser Prozessgegner der Klage wie ein Fuchs aus und hatte Glück mit seinem Verschiebungs- und Verschleppungssystem, das ihm aber schließlich doch keine Früchte eintrug und ihn nicht vor dem Ruin schützte.

Die aufgestachelten Fischer waren nur Werkzeuge. Später sahen sie ihr Unrecht gegen mich ein.

Zwar hatten mich auch die von Bohlen aufgestachelten vier Fischer namens Kagelmacher, Schwark, Lockenwitz und Haase sehr geschädigt, doch waren sie nur Werkzeuge in der Hand von Bohlens. Eine Klage gegen sie wäre bei ihrer Besitzlosigkeit resultatlos verlaufen. Später haben sie übrigens ihr Unrecht gegen mich eingesehen und sind selbst gegen von Bohlen klagbar geworden. Fischer Fritz Haase, der sagte: „Herr von Bohlen verlog alles“, wurde von diesem derart schikaniert, dass er sich auswärts als Maat verheuerte, bei Dänemark verunglückte und den Tod fand.

5

ZANK UM DIE FÄHRE

Inzwischen ist das Gut Streu auf dem Weg der Zwangsversteigerung unter den Hammer geraten. Aber das Maß der Prozesse ist damit keineswegs erschöpft. Das bisher Geschilderte war dabei nur die Einleitung zu einem wahren Kesseltreiben, bei dem ich die Stelle des gehetzten Wildes vertrat und noch vertrete. Ein Flankenangriff begann bereits im Jahr 1885. Damals hatten wir uns genötigt gesehen, den Schutenschiffer des Herrn von Bohlen, Johann Tode aus Schaprode, wegen Störungen und Schädigungen unserer Buhnen zu verklagen. Am 19. Juni 1885 hatten wir ein Urteil gegen ihn erwirkt. Er musste 2 Mark Entschädigung an uns zahlen und die Kosten des Rechtsstreits tragen. Auch wurde dem Verurteilten die Benutzung unserer Wiesen und Buhnen bei 10 Mark Strafe untersagt.

Doch bald sahen wir uns wieder zu einem Einschreiten gegen ihn veranlasst. Die Störung wurde dadurch herbeigeführt, dass von dem Todeschen Bollwerk – ein unweit unserer Fährbrücke auf Schaproder Seite ohne Berechtigung errichtetes Bollwerk – zwei Dallen[12] zum Anlegen der Boote angebracht worden waren, deren südlicher unmittelbar an unserer Fährleine lag. Da wir durch die häufigen Beschädigungen in unserem Verkehr mit dem Festland beeinträchtigt waren, forderten wir Tode am 25. April 1891 zur Entfernung des Bollwerks und zur Beseitigung der Dallen auf. Als äußersten Termin setzen wir hierfür den 1. September 1891 fest. Dieser Aufforderung leistete Tode keine Folge. Vielmehr verkaufte er sein Besitztum, Dallen mit Fahrzeug und den Warenschuppen nebst Eigentumsrecht am Bollwerk an seinen Sohn, den Schutenschiffer Hans Tode.

Bei auslaufendem Strom wird das Landen der Fähre zur Unmöglichkeit. Für die Insassen bedeutet das: Lebensgefahr!

Dieser hat gleichfalls unsere Aufforderung unberücksichtigt gelassen und fortgesetzt unser Eigentum geschädigt. Wir reichten daher Anfang 1892 Klage gegen Vater und Sohn ein. Unsere Begründung: Durch die Dallen wird der Fährverkehr beeinträchtigt, weil bei auslaufendem Strom das Landen des Fährprahms auf Schaproder Seite zur Unmöglichkeit wird. Für die Insassen ist dies sogar mit Lebensgefahr verbunden, zumal wenn sich größere Gegenstände, Pferde und Wagen im Prahm befinden. Der Prahm vermag wegen der hart an der Fährleine liegenden Dallen nicht, an die Fährbrücke heranzukommen, er wird von dem ausgehenden Strom abgetrieben, gerät dadurch hinter die Dallen und ist oft nur mit äußerster Anstrengung wieder frei zu machen. Bei hochgehendem Wasser befindet sich der Prahm sogar in gänzlich hilfloser Lage. Auch dadurch, dass durch die Errichtung des Todeschen Bollwerks und des Schuppens der Güterverkehr der umliegenden Ortschaften sich dorthin richtet und sämtliche schweren Fuhrwerke entweder bei der An- oder Abfahrt unsere Fährbrücke passieren müssen, wird diese beschädigt.

Wie wir es in unseren bisherigen Prozessen mit von Bohlen gewohnt waren, dehnte sich auch diese Klage auf Jahre hinaus. Der Vertreter auch dieser Prozessgegner, Justizrat Kirchhoff zu Greifswald, führte aufs Neue seine bekannte Diplomatie ins Feld, alles zu bestreiten und alles Mögliche zu behaupten. In einem am 20. September 1893 endlich zustande gebrachten Termin in Greifswald, in dem Landgerichtsdirektor Buddee der Vorsitzende war, wurde unsere Klage kostenpflichtig abgewiesen. Mit diesem Urteil konnten und wollten wir uns nicht zufrieden geben, daher legten wir Berufung ein. Die unserer Berufungsklage folgenden, wiederum Jahre in Anspruch nehmenden Schachzüge führten dazu, dass unsere Berufungsklage am 15. Dezember 1896 durch das Königliche Oberlandesgericht Stettin abgewiesen wurde.

FORKE STATT FLINTE

6

Doch ich will von der Schilderung dieser in Klagen auslaufenden Schikanen absehen und zu meinen Erlebnissen übergehen, die vielen wie ein der Phantasie eines Dichters entsprungener Roman erscheinen werden.

Eines Tages, im Jahr 1892, wendete ich mit einer kleinen Heuforke Heu und erwartete meine Schwester, um mit ihr am Steinort unser tägliches Bad zu nehmen. Da erschien plötzlich der Fischkiper[13] Dähn aus Schaprode mit einem flachen Boot auf dreizehn Zoll Wassertiefe[14] am Ufer der Insel Öhe. Als ich ihn von unserer Badestelle wies, wurde er grob. Später behauptete er, dass ich anstatt einer Heuforke ein Gewehr in der Hand gehabt, womit ich ihn und jene feindseligen Fischer aus Schaprode bedroht hätte.

Staatsanwalt Müller, in dessen Hände diese Anschuldigung fiel, ordnete Strafverfolgung an, unter Buddees Vorsitz wurde ich zu 100 Mark Geldstrafe verurteilet. Das Reichsgericht aber verwies die Sache an das Landgericht Stettin, wo kein Buddee den Vorsitz führte. Hier wurde ich am 10. Mai 1895 rechtskräftig freigesprochen.

Doch während der Zeit dieses Prozesses war man keineswegs müßig gewesen. So benutzte ich am 4. Juni 1894 die Öher Privatfähre, um in Schaprode Besorgungen zu machen. Beim Betreten des Festlandes kam mir ein Gendarm namens Dörp entgegen und redete mich an: „Ich verhafte Sie!" Einen Haftbefehl zeigte er mir nicht, ebenso wenig nannte er mir einen Grund für diese Zwangsmaßregel. Fast gleichzeitig traf ein berittener Gendarm namens Lange ein und hatte tätigen Anteil an dieser mich völlig unvorbereitet treffenden Verhaftung. Die beiden Gendarmen zwangen mich, einen elenden und offenen Wagen zu besteigen. Dörp setzte sich zu mir, während der berittene Gendarm dem Transport meiner Person auf dem Weg durch Schaprode, Trent und Bergen ein möglichst sensationelles Gepräge verlieh. In dem drei Meilen von Schaprode entfernten Polizeigefängnis von Bergen auf Rügen angekommen, wurde ich 24 Stunden eingesperrt, ohne auch nur eine Ahnung zu haben, warum. Dann ließ man mich endlich frei.

Was aber war der Grund für die Verhaftung? Man wird es kaum für möglich halten: die Benutzung unserer Fähreinrichtung, jener Jahrhunderte alten Anlage, die die einzige Verbindung mit dem Festland ist und gegen deren Benutzung man ein Verbot erwirken wollte. Außer der Verhaftung sind mir 36 Strafmandate à 60 Mark wegen Benutzung der Fähre zugestellt worden. Ebenso oft wurde ich freigesprochen, nachdem ich achtmal wegen dieses Betrages vom Amtsvorsteher von Richter gepfändet worden bin. Erst ein Beschluss des Oberverwaltungsgerichts vom 2. November 1898 machte diesem groben Unfug ein Ende.

7

SCHÜSSE AUF SCHIFFER SCHOOL?

Am 13. Juli 1895 ging bei der Staatsanwaltschaft in Greifswald eine Denunziation des früheren Schiffers School gegen mich ein. Ich hätte einen Anschlag auf sein Leben gemacht und auf ihn geschossen. Der Sachverhalt sollte so gewesen sein: Am 9. Juli 1895 seien, während sich Schiffer School beim Fischen, 83 Meter von der Öhe entfernt in einem Boot befand, Schüsse gefallen. Er habe den Schützen hinter einem Baum wahrgenommen, gleichzeitig aber auch, dass in unmittelbarer Nähe des Bootes Schrotkörner ins Wasser niederfielen, während andere sogar an das Boot angeschlagen hätten. Nach etwa zehn Schüssen sei ihm die Gefährlichkeit seiner Lage klar geworden. Er habe daher den Anker aufgehoben, um sich in Sicherheit zu bringen. Dabei sei er meiner ansichtig geworden.

Warnung für Steinfischer.
Warnung für Steinfischer.
Ich wiederhole hiermit, daß ich, trotz der Beschwerden der Steinfischer, Jeden, der sich in dieser Beziehung auf meinem Schaar betreffen läßt, mit scharfen Schüssen begrüße.
Oehe, den 6. Juni 1845. v. d. Oehe.

Obgleich School in seiner Denunziation vom 13. September kein Wort von einer Körperverletzung oder einem blauen Fleck verlauten ließ, auch weder dem Schaproder Arzt noch einem anderen Arzt eine Verletzung gezeigt hatte, behauptete er später, er habe durch einen Schuss einen blauen Fleck davongetragen. Diese ganze Darstellung einer harmlosen Schießerei auf Dohlen ist nichts als Ausfluss persönlicher Feindschaft, die die Fischer gegen mich hegen. Meiner Überzeugung nach hat sich School, als er mich schießen hörte, in der Absicht, ich möchte ihn verletzen und ihm dadurch eine Handhabe gegen mich geben, hinter das Holz gelegt.

Am 21. August desselben Jahres kam ich am Vormittag vom Baden am Steinort zurück, als ich im verpachteten Haferfeld den Gendarm Dörp liegen sah. Ich nahm an, dass er von Ummanz herüber gewatet war und beachtete ihn nicht weiter. Da er aber gleich nachher durch Übersteigen des Geländers mein von der Verpachtung ausgeschlossenes Reservat betrat, verwies ich ihn mit einigen Worten von dort. Er lief davon und ließ sich nicht wieder blicken.

Lauernd liegt der Gendarm im Haferfeld. Dann nimmt er die Beine in die Hand und lässt sich nicht mehr blicken.

Unterdessen hatte meine Schwester ein äußerst aufregendes Abenteuer erlebt. Sie war unweit des Hofes gewesen und durch Bellen der Hunde aufmerksam geworden, dass Fremde anwesend sein müssten. Als sie aus diesem Grund zum Hof zurückkehrte, traf sie dort in einem von ihm geöffneten Zimmer des Hinterhauses den Gendarm Dörp und einen Mann, der sich die Mütze auffällig tief ins Gesicht gezogen hatte. Auf die Frage meiner Schwester nach dem Begehr erhielt sie die

Antwort: „Wir wollen ins Haus!“. Mit diesen Worten schritten die beiden auf das Vorderhaus zu, rissen die Schutztür der Glastür auf und sprengten dabei gewalttätig den Riegel.

Meine Schwester, die den beiden Eindringlingen sagte, dass ich ausgegangen sei und den Entree-Schlüssel mitgenommen habe, führte die beiden, um diese peinliche Szene zu beenden, in ein Gartenzimmer. Nachdem die Eindringlinge auch hier die Verbindungstür zum Nebenzimmer bearbeitet hatten, erhielt meine Schwester den Bescheid, sie suchten mich. Da meine Schwester wieder versicherte, dass ich ausgegangen sei, eilte der Gendarm Dörp ins Freie, um mich zu suchen. Auch der Mann mit der Mütze hat gleich darauf das Haus verlassen, ohne sich wieder zu zeigen. Nachdem wir erfahren hatten, dass dieser Mann der Amtsvorsteher v. Richter gewesen sei, stellten wir noch am selben Tag gegen ihn bei der Staatsanwaltschaft Anzeige wegen Hausfriedensbruch und Beleidigung. Dörp zeigten wir wegen gewaltsamen Überfalls an. Doch wie gewöhnlich wurde der Spieß gegen uns umgekehrt, meine Schwester wurde wegen Beleidigung verfolgt, aber freigesprochen. Gegen v. Richter und Dörp ist bisher seitens des Staatsanwalts nichts veranlasst worden, die Sache soll sich totliegen, wie es wohl heißt.

8

„DAS HÄTTEN SIE BILLIGER HABEN KÖNNEN!“

Am 23. August erschienen abermals drei Gendarmen auf der Öhe. Als ich sie wahrnahm, öffnete ich das Fenster und fragte nach ihrem Begehr. „Wir wollen ins Haus“, war die Antwort. Ich verweigerte ihnen den Zutritt, worauf sie erklärten, die Türen einschlagen zu wollen. „Auf Ihre Verantwortung“, antwortete ich auf diese Drohung. Und wandte mich, auf alles gefasst, meiner unterbrochenen Beschäftigung wieder zu. Gleich darauf hörte ich wuchtige Schläge gegen die Tür. Danach das Gepolter und Klirren der zertrümmerten Eingangstür. Über die zerschlagene Hintertür und die gleichsam dem Vandalismus erliegende Stubentür hinweg drangen die Gendarmen in meine Stube ein. Mit den Worten „Ich verhafte Sie!“ trat Gendarm Bork auf mich zu. „Das hätten Sie billiger haben können“, erwiderte

„Das hätten Sie billiger haben können!“

ich, „wenn Sie mir vor dem Haus auf meine Frage Ihren Auftrag ausgerichtet hätten; ich würde mich Ihnen schon zur Verfügung gestellt haben. Wo ist der Haftbefehl?“ Ich erfuhr aber, dass der Gendarm keinen Haftbefehl, sondern nur ein mit „Der Landrat“ unterzeichnetes Telegramm besaß. Letzteres legte er auf meine Tasche, in der sich 893 Mark für in Berlin zu machende Einkäufe befanden. Diese Tasche nahm Bork in die Hand, wog sie prüfend und sagte: „Sie wollten wohl fliehen?“ Und zum anderen Gendarmen: „Lange, besetzen Sie die Hintertür!“

Vergeblich forderte ich nun mehrmals die Geldtasche zurück. Zur Antwort bekam ich nur, dass ich das Geld vom Landratsamt zurück erhalten würde. Später meinte Bork noch: „Wenn Sie Geld brauchen, so lassen Sie sich von Ihrem Pächter doch Vorschuss auf die Pacht geben“, was eine ebenso sinnlose Bemerkung wie dreiste Zumutung war.

Ohne mir einen Grund für die Verhaftung zu nennen, begann nun wieder ein skandalöser Transport nach Bergen, der mich zum Amtsgericht brachte. Hier verlangte ich sofort, einem Amtsrichter vorgeführt zu werden, doch wurde ich ohne Erfüllung dieses Wunsches eingesperrt. Auch am nächsten Morgen gelang es mir nicht, den Amtsrichter zu sprechen. Schließlich erhielt ich aber den Bescheid, dass gar kein Haftbefehl, sondern nur eine polizeiliche Festnahme vorliege. Ferner wurde mir durch den Amtsrichter Dunker die Mitteilung gemacht, dass ich auf School und eine Anzahl anderer Fischer geschossen hätte und Strafantrag gegen mich vorliege. Dann entließ man mich und ich bewahrte Gleichmut und Ruhe. Dies ist der beste Beweis für die Stärke meines Geistes und das Vertrauen auf meine gerechte Sache.

9

„WÄLZT SICH DER VERLETZTE IM BLUTE?“

Einige Tage nach der letzten Verhaftung erhielten meine Schwester und ich zwei gleichlautende Vorladungen für den 3. September 1895, um vor dem Amtsrichter Pauksch in Bergen vernommen zu werden. Da meine Gesundheit seit der Inhaftierung im Vorjahr gelitten hatte, auch die zertrümmerten Türen und Fenster noch nicht repariert waren, beschlossen wir, dass vorläufig nur meine Schwester zur Vernehmung gehen sollte. Ich hingegen entschuldigte mich. Als ich mich am 3. September nun allein auf der Insel befand und ich eben zum Obstgarten gehen wollte, traten zwei Gendarmen, darunter Dörp, und ein Fischkiper auf mich zu. Dörp: „Ich verhafte Sie!“ Ich fragte: „Haben Sie einen Haftbefehl?“ „Das geht Sie nichts an“, war Dörps Antwort. „Ich habe einen solchen Befehl, mit ‚Pauksch‘ unterschrieben, wegen schwerer Körperverletzung.“ „So?“, entgegnete ich, „dann wälzt sich wohl der Verletzte im Blute wie Sie damals, als ich Sie auf meinem Weg mit Totschlag bedroht haben soll?“ Hierauf ist mir Dörp die Antwort schuldig geblieben.

Trotz dreimaligem Verbot betrat Dörp mit seinen Helfern von hinten das Haus, sie durchsuchten alle Räume und beschlagnahmten eine Menge kostbarer Gegenstände. Anfänglich beabsichtigten sie sogar, einen Bauerntisch ohne Schublade zu konfiszieren, aber schließlich nahmen sie davon Abstand, da keiner ihn nach Schaprode tragen wollte. Dann zwangen mich die Gendarmen, die Zimmer und das ganze Haus offen zu lassen und ihnen ohne Handschuhe, Taschentuch und Geld zu folgen, so wie ich ging und stand. Nur mit knapper Mühe konnte ich meine in Bergen weilende Schwester telegraphisch bitten, sofort zurückzukehren. Das Geld fürs Telegramm musste ich mir von Schlächter Meenke in Schaprode leihen. So wurde ich also wieder nach Bergen transportiert und dort inhaftiert. Mein Wunsch, an meinen Rechtsbeistand in Stralsund ein Telegramm aufzugeben, wurde von Amtsrichter Pauksch mit der Begründung abgeschlagen, dass ich kein Geld habe. Dabei hatte Dörp selbst angeordnet, mir die Mitnahme von Geld zu untersagen. Selbstverständlich habe ich sofort Beschwerde eingelegt.

10

EINE HANDVOLL PATRONEN, JEDE MENGE ANKLAGEN

Während ich in Haft war und meine auf die Öhe zurückgekehrte Schwester sich dort allein befand, hatte sich ein weiterer Vorfall abgespielt. Am 6. September – wir sind noch immer im Jahr 1895 – erschienen Staatsanwalt Müller aus Greifswald, Amtsrichter Pauksch, ein Schreiber und ein Gendarm auf der Öhe, um nochmals eine Haussuchung vorzunehmen. Anstatt dies aber zusammen zu tun und so meiner Schwester Gelegenheit zu geben, bei allem Suchen zugegen zu sein, machten sich alle vier getrennt an ihr Geschäft, unser Haus von oben bis unten zu durchwühlen. Das Ergebnis dieser Haussuchung waren drei bis vier Patronen. Diesen hochwichtigen Fund versenkte der Staatsanwalt eigenhändig in seine Tasche.

In meiner Haft wurde mir unterdessen mitgeteilt, dass ich deshalb verhaftet worden sei, weil ich fluchtverdächtig sei. Eine Unterstellung, die damals vom Zaun gebrochen war und jeder Begründung entbehrte. Das beweist schon, dass ich eine

Sicherheit in einer derartigen Höhe anbot, die ich nicht hätte entbehren können, ohne meine Schwester und mich gänzlich zu ruinieren. Außerdem dürfte mein Charakter die Gewähr dafür geleistet haben, dass mir nichts ferner liegen konnte, als mich der richterlichen Entscheidung durch feige Flucht zu entziehen. (Ich betone allerdings: damals. Denn damals war meine Zuversicht auf die Unantastbarkeit des Rechts größer als heute.) Nun aber will ich der Anklageschrift die mir untergeschobenen Straftaten entnehmen: Danach wurde ich des Versuches angeklagt, sechs Personen vorsätzlich und mit Überlegung zu töten. Auch hätte ich dem Gendarm Dörp als dem Mitglied der bewaffneten Macht in der rechtmäßigen Ausübung seines Dienstes durch Bedrohung mit Gewalt Widerstand geleistet. Als dadurch verletzter Paragraph des Strafgesetzbuches wurde sogar § 211 aufgeführt. Dieser lautet: „Wer vorsätzlich einen Menschen tötet, wird, wenn er die Tötung mit Überlegung ausgeführt hat, wegen Mordes mit dem Tode bestraft.“ Angesichts dieses auf mich bezogenen Paragraphen müsste es der menschlichen Gesellschaft vor meiner Person zu gruseln beginnen.

Nichts lag ferner, als sich der richterlichen Entscheidung durch Flucht zu entziehen. Noch war mein Glaube an das Recht groß.

Weiter hieß es: Ich soll in einer großen Anzahl von Fällen längs der Öhe am Schaproder Strom, versteckt hinter Bäumen, Sträuchern und wallartigen Erderhöhungen, auf in Booten vorüberfahrende Leute scharfe Schüsse abgegeben und sie in nahe Lebensgefahr gebracht haben. Der bereits geschilderte Fall School war in dieser Anklage mit inbegriffen, nur, dass noch ein neuer Anschlag auf sein für mich doch wohl ziemlich gleichgültiges Leben am 16. August 1895 dazu gekommen war. Am selben Tag sollte ich außerdem auf die Fischer Schwark und Bloessing, am 19. August auf die Fischer Lockenwitz junior und senior geschossen haben. Letztere wollten mich sogar hinter einem Stein liegend erblickt haben. Sie haben auch bei jedem Schuss nur eine Kugel ins Wasser fallen hören und wollen damit den Vorsatz des Mordes bewiesen haben. Nun hat aber der Sachverständige, Büchsenmacher Erichson, festgestellt, dass die „Mordwaffe" nur annähernd zur Hälfte der Strecke bis zu der angeblichen Stelle, wo sich die beiden Fischer befunden hätten, Tragfähigkeit besitzt. Ferner bestätigte mir der Lieferant des Gewehres, Büchsenmacher Jauer, dass dasselbe für Kugeln gar nicht eingerichtet wäre und durch solche runiert würde, weil es keinen gezogenen Lauf hat.

Lebensgefährlich müsste die Lage der Fischer Woldt und Petzel gewesen sein, die ich am 20. August 1895 mit 12 bis 14 Schrotschüssen in Todesangst versetzt haben soll. Am 22. August soll ich den Mut dieser beiden Fischer nochmals auf eine harte Probe gestellt haben, indem ich, hinter einem Erdwall liegend, die Bewegungen des Bootes verfolgend, acht Schüsse auf sie abgegeben haben soll. Später habe ich angeblich ein solches Bombardement auf sie eröffnet, dass in anderthalb Stunden 25 Schüsse auf sie abgefeuert worden wären. Am 3. September schließlich soll ich mir den Landmann Thesenwitz aufs Korn eines Revolvers genommen haben. Thesenwitz hat angeblich genau wahrgenommen, wie ich beim ersten Schuss auf ihn gezielt habe. In heilloser Angst sei er zum jenseitigen Ufer gerudert und habe dort, noch schreckensbleich, dem Gendarm Dörp seine Schauergeschichte erzählt. In der Verhandlung am 10. Oktober 1896 verwickelten sich Dörp und Thesenwitz in die größten Widersprüche.

11

BESCHWERDE BEIM MINISTER

Doch zurück zu meiner Haftzeit. Da mir meine Beschwerden gegen die Untersuchungshaft nicht zur Freiheit verhalfen, wandte ich mich am 9. September 1895 an den Justizminister in Berlin und führte Klage gegen die ihre Amtsgewalt überschreitenden Personen: Amtsrichter Pauksch und Landrat von Koerber, die gleichzeitig gegen mich ihre Autorität bei den auf Rügen stationierten Gendarmen Borck, Lange und Dörp missbräuchlich geltend gemacht hatten. Ich verwies in dieser Klageschrift darauf, dass die Richter nur durch den mir feindlich gesinnten Staatsanwalt Müller beeinflusst sein könnten. Und dass mir und der Staatskasse durch ihr Vorgehen und das Vorgehen der Gerichte in Bergen, Greifswald und Stralsund Unsummen aufgebürdet würden, was auf Dauer unhaltbar sei. Ich wies auch

auf den Landgerichtsdirektor Buddee und seinen Hass gegen mich hin, der Anlass für die albernsten Denunziationen gegen mich gewesen sein dürfte.
Ich konnte dem Justizminister die Mitteilung machen, dass das Reichsgericht meinem Antrag gemäß die drei Sachen an das Königliche Landgericht in Stettin verwiesen, die drei Urteile aufgehoben habe und meine Gegner angesichts der für mich günstigen Ausführungen dieser höchsten Instanz meine vorauszusehende Freisprechung durch die gesetzwidrige Haft zu erschweren trachteten. Obgleich meine Gegner die unglaublichsten Bemühungen anstellten, meine Haft auszudehnen, gelang es ihnen doch nicht. So mussten sie mich schließlich auf freien Fuß setzen – gegen eine Kaution von 10.000 Mark. Es geschah dies jedoch nicht ohne eine weitere Gesetzwidrigkeit: Bereits am 24. September 1895 war vom Oberlandesgericht in Stettin die Haft aufgehoben worden. Doch erst am 29. September, nachdem mein Rechtsbeistand von diesem Kenntnis erhalten hatte, herbeigeeilt war und den allein anwesenden Amtsrichter Matthies gezwungen hatte, mich aus der Haft zu entlassen, erhielt ich meine Freiheit zurück.

Aber auch Landgerichtspräsident Stumpff kam, nachdem er schon am 24. September vom notgedrungenen Beschluss der Haftaufhebung Kenntnis erhalten hatte, am 25. September zu mir ins Gefängnis, um sich zu informieren. In Gegenwart des Aufsehers habe ich lange mit ihm gesprochen. Offen schilderte ich ihm das Vorgehen meiner Feinde, das mich vielfach und nicht zuletzt materiell geschädigt hat. Er nickte zustimmend mit dem Kopf. Schließlich äußerte er, bezugnehmend auf die mir zugefügten Gewalttaten: „Bringen Sie diese doch einmal vor uns." Dies geschah dann auch durch mich – mit welchem Erfolg, werden wir bald sehen.

12

IN DER IRRENANSTALT

Jetzt schien es meinen Feinden an der Zeit, mich dauerhaft unschädlich zu machen. Zu diesem Zweck wurde der zuständige Kreisphysikus Dr. Settegast in Bergen und der Kreisphysikus Dr. Beumer in Greifswald aufgefordert, ein Gutachten über meinen geistigen Zustand zu geben und den Antrag zu stellen, mich zur Beobachtung in einer Irrenanstalt zu internieren. Da ihnen diese beiden Herren den Gefallen nicht taten, stellte am 11. November 1895 Staatsanwalt Müller in Greifswald gesetzwidrig selbst den Antrag. Ebenso gesetzwidrig wurde diesem Antrag bereits 14 Tage darauf, am 25. November, vom Landgericht Greifswald unter Vorsitz Buddees stattgegeben. Gegen den Beschluss vom 25. November legte ich selbstverständlich und mit Recht Beschwerde ein, da nach § 81 der Strafprozess-Ordnung der Antrag auf Unterbringung in einer öffentlichen Irrenanstalt nur von Seiten eines Sachverständigen gestellt werden darf – als einen solchen kann ich den Staatsanwalt Müller nicht ansehen.

Noch ehe der geplante Streich meiner Gegner gelingen konnte, fand ich auf Veranlassung meines Rechtsanwalts Dr. Bonk Aufnahme zur Beobachtung in der renommierten Privat-Irrenanstalt von Dr. G. Scholinus in Pankow bei Berlin. Diese steht auch unter Kontrolle von Prof. Dr. Mendel, einer anerkannten Autorität auf diesem Gebiet. Schon nach acht Tagen erklärte mir Dr. Scholinus, dass er mich als Patient nicht in seiner Anstalt behalten könne, da diese für geistig Kranke, nicht aber für Gesunde sei. Er stelle mir frei, in seiner Familie oder im Ort noch einige Zeit zu verweilen.

Doch stattdessen kehrte ich auf die Öhe zurück. Dort wurde ich am 7. Februar 1896 durch den Gerichtsvollzieher Ritter verhaftet. Man überführte mich in die öffentliche Irrenanstalt nach Greifswald, deren Leiter Prof. Arndt ist. In dieser Anstalt sollte ich auf ausdrückliche Anordnung des Amtsrichters Pauksch volle sechs Wochen in Beobachtung bleiben. Man hoffte wohl, dass ich in meiner Entrüstung über diese Intrige so aufgebracht sein würde, dass man mich für verrückt erklären könne. Nun sind aber meine Geisteskräfte derart normal und von keiner Leidenschaft beeinflusst, dass Herr Prof. Arndt bei genauer Beobachtung und Beurteilung nicht den geringsten Anhalt fand, aus dem heraus her eine geistige Störung hätte ableiten können. Das umfangreiche Sachverständigen-Urteil von Prof. Arndt vom 15. April 1896 sagt sogar das Gegenteil und gibt meiner geistigen Verfassung das denkbar beste Zeugnis.

13

„KLUG, SCHARFSINNIG, UMSICHTIG – MIT MÄNNLICHEM SINN“

Hier will ich einen kurzen Auszug aus dem ärztlichen Gutachten von Prof. Arndt machen, weil dies wichtig ist, wenn man den Versuch, mich geistig für tot zu erklären, beurteilen möchte. Nach einer Einleitung über meine Familienverhältnisse erklärt der Gutachter, ich sei eine gewandte, weitblickende Dame mit ausgesprochen männlichem Sinn. Er erklärt ferner, an mir eine außerordentliche Selbstbeherrschung wahrgenommen zu haben, mit deren Hilfe ich, wenn auch vor Erregung zitternd, imstande sei, meine Ausdrücke wohl überlegt und den jeweiligen Stimmungen und Zwecken entsprechend zu wählen. Im übrigen sei dem Professor an mir nichts aufgefallen, was auf krankhafte Veränderungen schließen lasse. Wohl weist er nach, dass mir ein außerordentliches Wesen eigen sei, dieses sei aber auch Caesar, Lord Byron, Carl XII. von Schweden und Napoleon I.[15] zu eigen gewesen – ohne dass man sie für verrückt erklären könne.

Der Gutachter erklärt auch, dass nicht Prozesskrämerei die Veranlassung für den Kampf um mein Recht sei, sondern dass ich aus innerer Überzeugung, bestärkt durch Rechtskundige und Sachverständige, mein Recht zu erlangen trachte. Wohl erschiene ich darum als Querulantin, aber Querulanten-Wahnsinn sei an mir keineswegs zu beobachten. Wörtlich:

„Fräulein Schilling beklagt sich nur über das Unrecht, über das bittere Unrecht, das ihr widerfahren sei, und schilt auf die Personen, von denen sie glaubt, dass sie Schuld daran haben. Sie verhält sich da wie tausende und abertausende von Menschen des gemeinen Lebens, die doch deshalb für gesund gelten ...
Fräulein Schilling ist eine eigentümliche, bei einer gewissen leichten Reizbarkeit darum auch leicht einmal exzentrische und wohl auch extravagante Persönlichkeit; allein klug, scharfsinnig und umsichtig, weiß sie sehr wohl, sich und ihre Angelegenheiten zu vertreten und vertritt sie tatsächlich mit männlicher Energie und männlichem Sinn."

Dies ist das Urteil eines Mannes, den ich durchaus nicht zu meinen Freunden zu zählen vermag. Dass man mich trotzdem am Ende des kulturell hoch entwickelten 19. Jahrhunderts als reif für die Irrenanstalt hinstellen konnte, ist eine Beleidigung nicht nur meiner Person allein, sondern der ganzen menschlichen Gesellschaft der Gegenwart!

14

„MORD UND TOTSCHLAG“

Kaum wieder auf freiem Fuß und trotz aller geistigen Frische körperlich erschöpft, begann die Hetze für mich auf's Neue. Am 1. Mai 1896 wurde ich wiederum ohne Angabe des Grundes durch Gendarm Dörp und Fischkiper Michaelis auf der Öhe verhaftet. Dabei ging der Erste in seiner Gefühlsrohheit so weit, mir zu sagen, dass ich bei einem Fluchtversuch auf der Stelle von ihm totgeschossen würde. Ich wurde zum Gerichtsgefängnis in Bergen gebracht. Erst hier erfuhr ich, dass ich einem Streuer Kahnknecht namens Koblank mit Mordversuch und Totschlag bedroht haben soll. Dieser Kahnknecht ist niemals mir gegenüber in Erscheinung getreten, seine Angaben bei den kommissarischen Vernehmungen waren blödsinnig. Und doch bin ich in dieser Sache am 11. Dezember 1897 unter Vorsitz des Direktors Buddee zu 100 Mark Strafe verurteilt worden. In dieser gleichfalls ganz unmotivierten Haft hat man mich bis zum 24. Mai 1896 festgehalten und Undenkbares versucht, um die Haft noch länger auszudehnen.

Trotzdem ich mit gutem Recht wegen Besorgnis der Befangenheit Landgerichtsdirektor Buddee in der Strafsache School gegen mich als Richter ablehnte und als Begründung anführte, dass ich gegen den selben Strafantrag wegen Amtsvergehen gestellt hatte, so wurde doch die Verhandlung am 10. Oktober 1896 in dieser Sache von dem abgelehnten Richter als Vorsitzender geleitet. In dieser Verhandlung wurde ich aufgrund der skandalösen Anschuldigungen wegen schwerer gefährlicher Körperverletzung, wegen Nötigung in zwei Fällen und wegen Widerstandes gegen die Staatsgewalt zu drei Monaten Gefängnis verurteilt. Wegen der übrigen Fälle, deren Begründung sich selbst bei der größten Heuchelei nicht aufrecht erhalten ließ, wurde ich freigesprochen. In der Sache School hob das Reichsgericht auf meinen Antrag das Urteil auf und verwies die Sache an das Landgericht Stettin, das auf eine Geldstrafe von 30 Mark wegen fahrlässiger Körperverletzung erkannte. Aber auch dieses Urteil wurde vom Reichsgericht aufgehoben. Begründung: Wenn das infrage kommende Gewässer mein Eigentum ist, kann von fahrlässiger Körperverletzung nicht die Rede sein.

15

„BRINGEN SIE SIE VOR UNS!“

Die Leser werden sich erinnern: Am 25. September 1895 hatte Präsident Stumpff bei seinem Besuch im Bergener Gefängnis gesagt: „Bringen Sie sie einmal vor uns!“ Mit diesen Worten hatte er mich aufgefordert, ihm meine Beschwerden über das Vorgehen und die Amtsübertretungen der infrage kommenden drei Richter und des Staatsanwalts Müller zuzustellen. Das tat ich, ohne eines der Vergehen zu beschönigen.

Diese eingereichten Vorstellungen gaben den betreffenden Richtern und dem Staatsanwalt neue Veranlassung, auf mich einzustürmen. Ich wurde wegen Beleidigung und wissentlich falscher Anschuldigung angeklagt. In dem Termin am 17. Juli 1897 wurde ich von der Strafkammer in Stralsund, bei der Direktor Buddee wieder als Vorsitzender fungierte, wegen angeblich enthaltener Beleidigung und Anschuldigung des Staatsanwalts Müller und des Landgerichtsrats Fuhrmann zu langer Gefängnisstrafe verurteilt. Desgleichen wurde ich am 1. Oktober 1897 unter Mitwirkung von Landgerichtsrat Fuhrmann, also desselben, den ich in vorigem Fall beleidigt haben soll, wegen angenommener Beleidigung des Direktors Buddee und des Amtsrichters Pauksch beschuldigt.

16

„IHRE GEGNER HABEN ANGST!“

Obgleich ich mich neben meiner geistigen Gesundheit bis zum Anfang dieser Hetze auch körperlich einer kräftigen Gesundheit erfreut hatte, war diese doch durch die ununterbrochenen Aufregungen, die häufigen Verhaftungen und Inhaftierungen in engen, schmutzigen und ungesunden Räumen sowie den entsetzlichen Aufenthalt im Irrenhaus derartig erschüttert, dass ich mich in ärztliche Behandlung begeben musste. Die Ärzte verordneten eine Diät und Bewegung in frischer Luft bis zur Ermüdung. Die Atteste meiner Ärzte bezeugten, dass ich in diesem körperlichen Zustand keineswegs haftfähig war, was meinen Gegnern durchaus nicht in ihren Kram passte.

Am 8. Februar 1898 erschien unangemeldet Prof. Dr. Beumer auf der Öhe, angeblich, um mich im Auftrag des Staatsanwalts zu untersuchen. Seine vorgenommene Untersuchung war aber oberflächlich und belanglos. Viel wertvoller für mich war seine Äußerung, die ich wörtlich im Gedächtnis behalten habe: „Ihre Gegner haben Angst! Wenn Sie sie in Ruhe lassen, dann bleiben sie auch so.“ Meiner daraufhin aufgeworfenen Frage, ob er nicht etwa dem Gericht geraten habe, mich in einer Irrenanstalt beobachten zu lassen, entgegnete er: „Keineswegs. Ich habe vielmehr gesagt: Lasst mich aus eurem Spiel!“
Unterdessen war einer meiner Feinde, Staatsanwalt Müller,

nach Bonn versetzt worden. Sein Nachfolger, Staatsanwalt Hübschmann, forderte mich im Mai 1898 auf, selbst ein Attest eines Gerichtsarztes beizubringen. Dieses sollte als Beweis meiner Haftunfähigkeit dienen. Ein Attest des Kreisphysikus Dr. Beumer aus neuerer Zeit würde dafür genügen. Am 29. Mai erschien dieser ein zweites Mal auf der Öhe. Wiederum nahm er an mir eine äußerst oberflächliche Untersuchung vor, wobei er sich auf ein älteres, längst widerlegtes Attest meines Hausarztes stützte. Darin hatte derselbe irrtümlich eine Verkalkung der Herzarterien angenommen. Ohne dieser Annahme auf den Grund zu gehen, verlegte Dr. Beumer seine Feststellungen auf das geistige Gebiet. Er machte mir den naiven Vorschlag, mich nach Greifswald ins Gefängnis zu begeben, um mich von ihm als Gefängnisarzt behandeln zu lassen. Er werde nach kürzester Zeit bescheinigen, dass ich nicht inhaftierbar sei und auf freien Fuß gesetzt werden müsse.

Am 12. Juni 1898 erschien Dr. Beumer nochmals auf der Öhe. Dabei hielt er mir einen Vortrag, um mir meine Entmündigung und die damit verbundene Entlastung von allen gegen mich anstehenden Sachen plausibel zu machen. Ich ersuchte Dr. Beumer, seine Beredsamkeit einem würdigeren Gegenstand zuzuwenden. Auch erklärte ich ihm, dass ich sowohl seinen mit Herrn Hübschmann ausgeheckten Plan durchaus durchschaue. Ferner machte ich ihn auf den in seinem Verhalten bestehenden Widerspruch aufmerksam. Entweder hielte er mich wirklich für verrückt und reif für die Entmündigung oder er hielte mich für geistig gesund. In diesem Fall begriffe ich nicht, was er eigentlich von mir wolle. Geisteskranken mache man solche Mitteilungen, wie er sie mir gemacht hatte, gewiss nicht. Fortan betrachtete ich jeden Schritt meiner Gegner in dieser Frage mit größtem Misstrauen.

17

WIEDER IN BERLIN

Am 14. Juni 1898 brachte ich ein Attest von Prof. Dr. Mendel in Berlin bei, dass ich nicht haftfähig sei. Mein Antrag auf Wiederaufnahme des Verfahrens und auf Haftaufschub wurde aber trotz meiner überzeugenden Begründung abgelehnt. Am 26. Oktober 1898 erhielt ich einen Haftbefehl des Staatsanwalts Hübschmann, dem zufolge ich mich sofort in das Gefängnis nach Stralsund begeben sollte. Ich ging stattdessen zu erneuter Untersuchung nach Berlin. Davon unterrichtete mein Rechtsanwalt Dr. Pfeiffer den Staatsanwalt und legte gegen den mir am 26.10. zugestellten Beschluss vom 12.10. Beschwerde ein, da bei diesem wiederum rechtswidrig Direktor Buddee mitgewirkt hatte. Noch von Berlin aus sandte ich ein vom 14.11. datiertes Attest, das Ergebnis einer langen und sorgfältigen Untersuchung bei Prof. Dr. Mendel, an den Staatsanwalt in Greifswald. Gleichzeitig stellte ich den Antrag, Strafaufschub zu gewähren, da dem Attest nach eine Inhaftierung ausgeschlossen sei.

Einen Bescheid habe ich daraufhin nicht erhalten, obgleich ich ein freigemachtes, mit meiner Berliner Adresse versehenes Couvert beigelegt hatte. Schließlich reiste ich ab und erreichte die Insel Öhe am 18.11. Dort legte ich mich wegen meiner angegriffenen Gesundheit wegen sofort ins Bett.

Ich müsste mich fügen

18

WETTFAHRT INS GEFÄNGNIS

Am anderen Morgen schreckte mich um 6.45 Uhr der Ton unserer großen Hofglocke auf. Fast zur gleichen Zeit wurde das neben meinem Schlafzimmer liegende Gartenzimmer aufgerissen. Im ersten Augenblick glaubte ich, es sei ein Unglück geschehen. Doch bald genug erfuhr ich, dass der Gendarm Philippsen aus Trent auf die geschilderte Weise ins Haus gedrungen war, um mich zu verhaften. Trotzdem ich den Gendarm auf meine Krankheit aufmerksam machte und nach einem Arzt verlangte, der diese Unvernunft gewiss verhindern würde, musste ich sofort, ohne gefrühstückt zu haben, mit nach Trent kommen. Dort mussten wir noch den 8 Uhr-Zug erreichen, da der Gendarm die Zeit verschlafen hatte.

Ich musste mich also diesem unbilligen Verlangen fügen und ungenügend bekleidet, ohne warmes Reisezeug auf offenem Wagen bei schneidendem Wind eine tolle Wettfahrt mit dem schon von Wittow herunterkommenden Zug unternehmen. In Stralsund wurde ich sofort gegen 12 Uhr, ohne nur einen Bissen gegessen zu haben, vor das Gericht gebracht. Den Antrag meines Rechtsanwalts Dr. Pfeiffer, mich aufgrund des ärztlichen Attests sofort aus der Haft zu entlassen, lehnte Staatsanwalt Hübschmann mit den Worten ab: „Auf das Gutachten des Professors Mendel gebe ich gar nichts!“ Begreiflicherweise suchte ich sofort die inneren Triebfedern dieser beispiellosen Handlungsweise darzulegen, doch das Verbot des Vorsitzenden Ebers schnitt mir auch diesen Weg ab.

Dagegen musste Gendarm Philippsen gegenüber dem Gefängnis-Inspektor Fischer bestätigen, dass ich schon am Morgen einen Arzt verlangt hatte. Bis zum Abend hielt man mich hin. Als der Gefängnisarzt Dr. Pogge endlich kam, war auch seine Untersuchung durchaus oberflächlich. Er ergriff meine Hände, zählte bis 18 und sagte dann: „In Ordnung. Sie sind 59 Jahre, ich auch. Sie haben Herzverkalkung, ich auch.“ Dann lief er einige Male auf und ab, betrachtete seine Füße. Mich aber und meinen geschwollenen Hals sah er kein einziges Mal an.

19

„WER HIER STIRBT, DER STIRBT HIER EBEN!“

Aufenthalt und Verpflegung im Gefängnis waren für meine angegriffene Gesundheit sehr schädlich. Ich empfand an früher schmerzfreien Stellen Stiche. Obgleich seit 48 Stunden nichts gegessen, hatte ich auch keinen Hunger. Auf meine Frage, ob ich, die ich an den Aufenthalt in frischer Luft und an tägliche Bäder gewöhnt bin, dies für die Erhaltung meines Körpers gewährt bekommen könne, erhielt ich vom Gefängnisarzt abschlägigen Bescheid. Er wies auf ein kleines, ca. acht Zoll im Geviert

„Wer hier stirbt, der stirbt hier eben!“

messendes Fensterchen[16], das fast keine Luft hindurch ließ: „Da haben Sie ja Luft!“ Hinsichtlich des Bades erhielt ich zur Antwort: „Gott bewahre, Sie haben Herzvergrößerung. Ein Bad, kalt oder warm, könnte Ihren sofortigen Tod herbeiführen!“ Auf meine Entgegnung, dass ich dann schon längst gestorben sein müsste, dies aber gewiss tun würde, wenn er mir Wasser und Luft entzieht, erwiderte er: „Wer hier stirbt, der stirbt hier eben!“

Infolge der Untersuchung und der mangelhaften Verpflegung erkrankte ich am Sonntag, den 20. November, so heftig, dass ich in der Nacht sterben zu müssen glaubte. Am Montag bat ich daher um eine Unterredung mit dem Gefängnisvorsteher Ebers und dem Gefängnisarzt. Doch bekam ich den Arzt gar nicht und den Vorsteher erst am nächsten Sonntag, also am 27. November, zu sehen. Auf meine Beschwerde versuchte der Vorsteher vom Inspektor die Bestätigung zu erlangen, dass er bereits am 21. November bei mir gewesen sei. Dieser stellte das aber entschieden in Abrede und erklärte, dass er meinen Wunsch wohl ausgerichtet habe, vom Vorsteher aber angewiesen worden sei, mir zu eröffnen, dass ich mich jeder Meldung zu enthalten habe.

Darauf ersuchte ich dringend, mich entweder auf meine Kosten in die Behandlung eines verständigen anderen Arztes zu begeben, oder mich vom Vorgesetzten des Gefängnisarztes untersuchen zu lassen. Nach endlosen Auseinandersetzungen ließ der Vorsteher endlich am 2. Dezember Dr. Siewert zu. Dieser ordnete sofort eine Operation in einer Klinik an. Einstweilen wurde jedoch deren Ausführung verschleppt.

20

Während dieser Zeit hatte Staatsanwalt Hübschmann alle 14 Tage eine Verhandlung über die noch anstehenden Beschuldigungen angesetzt. Erst den Bemühungen meines Rechtsbeistands Dr. Pfeiffer mit Hilfe der Ärzte Dr. Siewert und Dr. Berndt, gelang es, einen gerichtlichen Beschluss herbeizuführen, dass Gerichtsverhandlungen gegen mich erst angesetzt werden sollten, wenn die beiden genannten Ärzte mich als vernehmungsfähig erachten würden.

„DAS GEKREISCH DER ÖFFENTLICHEN DIRNEN“

Mein Krankheitszustand war inzwischen denkbar übel. Ohne frische Luft und Bäder gewährt zu bekommen, musste ich mich in einem sinnlos überheizten Raum aufhalten und dabei Tag und Nacht das wüste Gekreisch der in nächster Nähe untergebrachten öffentlichen Dirnen vernehmen. Im Augenblick meiner Überführung in das Krankenhaus wurde mir am 20. Dezember durch den Inspektor Fischer eine Strafverfügung verlesen, nach der ich eigentlich mit einer Arreststrafe belegt sei. Gegen diese Strafverfügung reichte ich ungesäumt Beschwerde ein, in der ich die mir widerfahrene Behandlung schilderte: Als ich ein Stück Seife für mein Geld verlangte, sei ein solcher Aufruhr entstanden, so dass ich nach dessen Verbrauch kein zweites verlangte. Ein von der Öhe mitgebrachtes Fläschchen Haaröl sei mir als Luxusgegenstand verweigert worden. Das Verlangen nach einem halben Pfund Zucker zur Bereitung der mir seit Jahren von den Ärzten verordneten Limonade sei mir rundweg abgeschlagen worden.

21

Am 2. Januar 1899 wurde ich wegen einer vereiterten Kopfgeschwulst von Dr. Berndt in Stralsund operiert. Kaum war ich einigermaßen genesen, wurde ich bereits am 12. Januar 1899 wieder verhaftet, obwohl nach den vorliegenden Gutachten wegen naher Lebensgefahr Inhaftierung zu vermeiden sei. Nach wie vor wurden mir Bäder vorenthalten und frische Luft ganz entzogen, wenn ich es nicht vorziehen wollte, unter den öffentlichen Dirnen des Weibergefängnisses zu verweilen. Früh bis spät musste ich den Lärm der über mir arbeitenden Gefangenen, das Pantoffelgeklapper und Sägenschärfen, das rüde Gekreisch und ähnlichen Spektakel ertragen.

Unerträglicher Lärm, stickige Luft und lautes Gekreisch nagen an Nerven und Gesundheit.

PANTOFFELGEKLAPPER UND SÄGENSCHÄRFEN

Die Folge dieser Umstände war, dass mir am 24. Februar 1899 durch einen Nervenschlag der rechte Arm und die rechte Hand gänzlich gelähmt wurden und es noch heute sind. In der Nacht vom 24. zum 25. Januar erkrankte ich durch das nächtliche laute Treiben der inhaftierten Weiber derartig, dass ich ohnmächtig hinfiel. Vom 2. bis zum 9. Februar wurden von morgens bis abends über und unter mir harte Schiffstaue weich geklopft. Am Sonnabend, den 4. Februar, empfand ich den ersten Nervenstich im Rücken; seit diesem Tag ist mein Rückgrat wie verstaucht.

22

ZWISCHEN BERLIN UND DER ÖHE

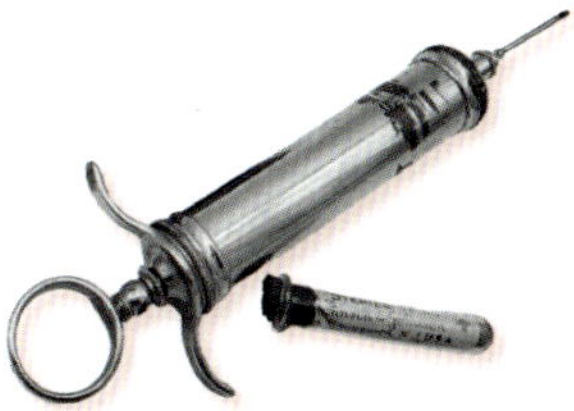

Nach meiner unter allen möglichen Vorwänden verschleppten, endlich am 16. September 1899 erfolgten Freilassung wollte ich sofort nach Berlin fahren, um in der Königlichen Klinik die Lähmung meiner rechten Körperseite feststellen zu lassen. Auf Anraten des mir zufällig begegnenden Dr. Siewert reiste ich indes nach der Öhe, um mich vorher einige Tage zu erholen. Doch schon am 20. September begab ich mich in die Berliner Klinik, wo mich der berühmteste Arzt auf dem infrage kommenden Gebiet, Prof. Dr. Hermann Oppenheim untersuchte und eine Lähmung des rechten Armes, weniger des rechten Beines feststellte. Auch mein rechtes Auge war schwer geschädigt worden. Leider konnte ich nicht lange in der Behandlung bleiben, weil der Staatsanwalt Hübschmann einen Haftbefehl gegen mich erlassen hatte, weil ich krankheitshalber am 23. September einen Termin nicht hatte wahrnehmen können und mich durch ärztliches Zeugnis entschuldigen ließ.

Um nicht gänzlich durch diese ewigen Vorführungen aufgerieben zu werden, sah ich mich gezwungen, meinen Aufenthalt außerhalb des Bereiches des zuständigen Gerichtsbezirkes zu nehmen. Die auf solche Weise herbeigeführte Ruhezeit benutzte ich dazu, aus dem umfangreichen Material und der großen Fülle der Prozessakten diesen kurzen Auszug machen zu lassen.

23

„DER MIT DEM ROTEN BARTE…“

Bei meiner Verhaftung am 23. August 1895 waren mir bekanntlich 893 Mark abgenommen worden. Bei der weiteren Verhaftung am 3. September desselben Jahres hatte ich den Gendarm Dörp nach dem Verbleib des Geldes gefragt. Als er darauf antwortete, er sei es nicht gewesen, verbesserte ich ihn mit den unverfänglichen Worten: „Ach nein, es war der mit dem roten Barte[17], der hat mir das Geld weggenommen.“ Aus diesen Worten konstruierte man nun eine Beleidigung, die darin gipfelte, einen erhobenen Vorwurf des Diebstahls zu bilden. Infolge dessen wurde ich in erster Instanz unter Vorsitz von Direktor Buddee zu Gefängnis wegen Verleumdung verurteilt. Als ich mit Fug und Recht dagegen Beschwerde einlegte, weil ich aus bekannten Gründen den Richter ablehnte, trat das Reichsgericht meiner Revision bei. Es verwies die Sache an das Landgericht Stettin. Von diesem wurde ich am 4. Mai 1899 rechtskräftig freigesprochen.

Bei diesem Termin erwähnte ich die Tatsache, dass Dörp und seine Genossen bei der Verhaftung am 3. September 1895 viele Gegenstände beschlagnahmt hätten, zu deren Transport ein Sack in Schaprode requiriert worden sei. Auf Befragen des Staatsanwalts bestritt Dörp dies. Auch bestritt er hartnäckig, dass am 3. September auf Öhe Sachen beschlagnahmt worden seien. Um seine Unzuverlässigkeit zu beweisen, erstattete ich Strafanzeige gegen Dörp, die der Herr Oberstaatsanwalt an den Greifswalder Staatsanwalt abgehen ließ. Ich habe seitdem nichts davon gehört.

24

DER WAHRHEIT DIE EHRE

Meine Gegner und ihre Stützen verwickelten sich wiederholt in Widersprüche, welche die Haltlosigkeit ihrer aus der Luft gegriffenen Anschuldigungen beweisen. Zur Illustration, wie man mich zwangsweise zu den Terminen herbeizuschaffen trachtet und dabei nach mir fahndet, als sei ich eine Verbrecherin, hier ein kurzer Auszug aus einem Brief meiner Schwester. Sie schickte diesen während meiner Abwesenheit am 23. November 1899 an meinen Rechtsbeistand:

„Ich möchte mir die Frage erlauben: Hat der Gendarm die Befugnis dazu, hier selbständig in Begleitung der beiden Haases[18] mit Gewalt ins Haus zu dringen und jeden Winkel, jeden Schrank, jeden Koffer und die Betten zu durchstöbern und zwar ärger, als damals eine Waffe gesucht wurde. Es sollte damit der Zweck erreicht werden, meine Schwester heran zu schaffen. Die tollsten Hirngespinste leisten hierin die Haases: Bald soll sie auf dieser, dann wieder auf jener Seite hier gelandet sein. Sogar feine Wagenspuren, die zum Haus von Janicke geführt haben sollen, werden aufgesucht. Es ist gar nicht wert, diesen Blödsinn zu wiederholen."

Was ich hier niedergeschrieben habe, ist nur eine gedrängte Übersicht über meinen Kampf um das Recht. Die mit ihm zusammenhängenden Prozesse sind beinahe endlos. Auch der Schluss der gegen mich heraufbeschworenen Strafverfahren lässt sich noch nicht absehen. Aber immerhin gewährt diese Übersicht einen Einblick in das Treiben gewissenloser Leute, die es verstehen, sich die Blindheit von Justitia zunutze zu machen.

Dieses Buch ist ein Einblick in das Treiben gewissenloser Leute, die es verstehen, sich die Blindheit von Justitia zunutze zu machen.

Ich bin in meinem ganzen Leben unbeeinflusst gerecht gewesen, habe immer und jederzeit der Wahrheit die Ehre gegeben und mich eines scharfen Gedächtnisses und eines logischen Denkvermögens erfreut. So dass ich, ohne mir den leisesten Vorwurf zu machen, behaupten und beweisen kann: Das Recht ist auf meiner Seite!

DER RATTENSCHWANZ VON PROZESSEN – EINE CHRONIK

Laurette Schillings Kampf um die Schatzinsel und ihr Recht war lang, erbittert und abenteuerlich. Fast 20 Jahre lang, zwischen 1882 und 1900 füllte er zahllose Seiten in den Regionalzeitungen, vor allem aber in den Gerichtsakten:

14.1.1882 Anklage wegen Beleidigung: Laurette und ihre Schwester Ida Schilling sind angeklagt, den Amtsvorsteher von Trent beleidigt zu haben. In einem Privatbrief soll Laurette geschrieben haben, der Amtsvorsteher verübe noch übleren „Unfug" als die Dorfbewohner. Dafür verurteilt ein Schöffengericht die Schwestern zu 30 Mark Strafe. Laurette wehrt sich und geht in Berufung.

14.12.1885 Klage gegen Fischer Kröger: Laurette verklagt Fischer Kröger aus Schaprode. In mehreren Instanzen werden Beweise aufgenommen und Zeugen geladen. (Gegenstand der Klage ist unklar.)

16.3.1887 Urteil wegen Beleidigung: Laurette soll den Stralsunder Baurat Silber in einem Brief an den Stralsunder Regierungspräsidenten beleidigt haben. Urteil: 300 Mark Geldstrafe oder 20 Tage Haft.

21.11.1889 Anklage wegen Nichtversicherung: Laurette soll einen kurzfristig bei ihr beschäftigten Landarbeiter aus Schaprode nicht krankenversichert haben. Ein Irrtum, sagt Laurette. Das Gericht glaubt ihr nicht und verurteilt sie zu 10 Mark Geldstrafe oder 2 Tagen Haft.

1.3.1893 Urteil wegen Erbsen-Klau: Laurette ist angeklagt, vom Acker des Pächters Haase Erbsen und Gerste gestohlen zu haben. Sie bestreitet das, wird aber wegen Forstdiebstahls zu 100 Mark oder 8 Tagen Gefängnis verurteilt.

26.5.1894 Anklage wegen Freiheitsberaubung und Nötigung: „Fast bis auf den letzten Stehplatz" ist das Stralsunder Gericht gefüllt, als Laurette an diesem Sonnabend wegen mehrerer vermeintlicher Delikte der Prozess gemacht wird. Am 29.7.1891 soll Laurette ihren Pächter Haase und den Dachdecker Binz auf dem Kornboden eingeschlossen haben. Grund: Der Pächter hätte sein Dach mit Stroh statt, wie im Pachtvertrag vereinbart, mit Rohr decken und dazu Stroh aus der Kornkammer holen wollte. „Die Angeklagte" (also Laurette) „verbot den beiden ihre Arbeit und forderte sie auf herunterzukommen, im Weigerungsfalle werde sie die Kornbodentür abschließen. Da ihre Worte keine Beachtung fanden, legte die Angeklagte ein Vorhängeschloss vor die Kornbodentür. Die beiden Abgesperrten wurden erst nach einer halben Stunde von Vorübergehenden durch Sprengung des Schlosses befreit und haben darauf wegen Freiheitsberaubung geklagt." Laurette bestreitet den Vorgang nicht, argumentiert aber, die beiden hätten doch von außen das Dach verlassen können. Das findet das Gericht nicht – 3 Tage Gefängnis.
In den beiden anderen Anklagepunkten geht es um vermeintliche Nötigung. Die Hintergründe beschreibt Laurette auch

in ihrem Manuskript. Sie soll am 23.7.1892 auf drei Boote mit Schaproder Fischern, die in der Nähe der Öhe fischen wollten, geschossen haben. Einige Monate später, am 27.11.1892, soll es Stralsunder Fischer getroffen haben. „Es wird von sämtlichen Zeugen ausgesagt, dass die Angeklagte vom Lande aus mit einer Doppelbüchse scharf auf sie geschossen habe, so dass die Hagelkörner kurz vor den Booten ins Wasser geschlagen. Sie habe je 10 bis 12 Schüsse auf die Boote abgegeben, so dass die Fischer sich genötigt sahen, den Ort zu verlassen." Laurette bestreitet ihre Schüsse nicht, spricht aber den Fischern das Recht ab, in der Nähe der Öhe fischen zu dürfen.
Am Prozesstag, der von 9 bis 22.30 Uhr dauert, werden 32 Zeugen vernommen und ein Gutachten des Sachverständigen Prof. Dr. Bäumer aus Greifswald verlesen. Er bescheinigt Laurette, eine „intelligente, energische Person" zu sein, die aber „von dem Wahn einer Souveränität ihrer Insel befangen" sei. Für die Nötigung in zwei Fällen wird sie zu je 50 Mark oder 5 Tagen Gefängnis verurteilt.

21.6.1894 Erfolgreiche Berufung: Im Streit mit Pächter Haase hat Laurette Erfolg. Sie wird freigesprochen, ihre Geldstrafe aufgehoben.

14.3.1895 Verurteilung wegen Richter-Beleidigung: Laurette wird zu 2 Monaten Gefängnis verurteilt, weil sie Amtsrichter Langsdorff aus Bergen beleidigt haben soll – er hätte ein Gerichtsprotokoll vom 1.3.1893 gefälscht. Stimmt nicht, sagen die Richter-Kollegen.

20.3.1895 Enten oder Krähen: Laurette wird beschuldigt, am 5.7.1894 ohne Jagdschein gejagt und dabei einen Mordversuch unternommen zu haben. Unsinn, sagte Laurette bei der ersten Vernehmung, sie sei auf Entenjagd gewesen. Später korrigiert sie das: Sie habe Krähen aufs Korn genommen. Sie wird freigesprochen.

14.5.1895 Freispruch im Streit ums Fischereirecht: Wegen der Schüsse auf die Schiffer war Laurette wegen Nötigung verurteilt worden. Ihr Revisionsantrag hat Erfolg und wird vom Reichsgericht zur Neuverhandlung an die Greifswalder Strafkammer verwiesen. Dort bestreitet Laurette, auf die Fischer gezielt zu haben. Wenn überhaupt, hätte sie Krähen und Fischreiher treffen wollen. Wieder muss Prof. Dr. Bäumer sie begutachten. Ergebnis: Laurette wird von der Anklage der Nötigung freigesprochen.

24.8.1895 Transport ins Gefängnis: Laurette wird im offenen Wagen von drei Gendarmen ins Amtsgerichtsgefängnis nach Bergen gebracht. Nach einem Verhör wird sie auf freien Fuß gesetzt. Einige Tage später, am 3.9., wird Laurette jedoch erneut ins Gefängnis gebracht und muss in Untersuchungshaft.

September/Oktober 1895 In Stettin vor Gericht: Die Neue Stettiner Zeitung schreibt über die Verhandlung am 15.9.: „Die Angeklagte, die 55 Jahre alte Dame, wurde von einem Polizeibeamten aus Bergen, woselbst sie zur Zeit wegen Schießens auf Fischer in Untersuchungshaft sich befindet, vorgeführt. In dem ersten zur Anklage stehenden Fall handelt es sich um folgenden Vorfall: Die Angeklagte ist Besitzerin einer Fähre zwischen ihrer Insel und Schaprode. Am 21. März 1894 kam der Fischer Kagelmacher mit seinem Kahn an die Leine der Fähre. Er wurde von der Angeklagten förmlich eingefangen. Sein Kahn klemmte sich und konnte von der Leine nicht loskommen. Die Angeklagte freute sich über die Anstrengungen des

K. und leistete dessen Ersuchen, die Leine loszulassen, keine Folge. Der ganze Vorgang währte etwa 15 Minuten, während welcher Zeit K. seiner Freiheit beraubt war. Das Gericht nahm anhand der Beweisaufnahme an, dass die Angeklagte nicht die Absicht gehabt habe, den K. der Freiheit zu berauben. Die Angeklagte könne auch geglaubt haben, sie habe allein die Berechtigung zur Nutzung der Fähre. Es wurde daher in diesem Falle auf deren Freisprechung erkannt."
Am 7. Oktober 1895 spricht das Stettiner Gericht sie auch von der Anklage auf Beleidigung des Amtsrichters Langsdorff frei.

30.1.1896 Vandalismus auf Öhe: Ein Arbeiter des Pächters Haase zertrümmert mehrere Fensterschieben am Haus von Laurette und Ida Schilling. Angeblicher Grund: Der Hund der beiden Schwestern habe zwei Schafe gerissen. Der Arbeiter wird wegen Sachbeschädigung mit einer Woche Gefängnis bestraft.

26.8.1896 Freispruch für Ida: Ida Schilling hat im August 1895 den Gendarmen D. nicht beleidigt, stellt das Gericht fest.

10.10.1896 „Körperverletzung und Nötigung": Nach fünf Stunden Beweisaufnahme wird Laurette vom Stralsunder Gericht wegen einiger Schüsse auf Fischer zu drei Monaten Gefängnis verurteilt, „die Schusswaffen" werden eingezogen.

17.10.1896 Richter gegen Raupen: Laurette wird vom Amt Trent beschuldigt, „das Abraupen von Bäumen in ihrem Garten" unterlassen zu haben. Das Gericht spricht sie frei. Begründung: Es habe sich nicht um Obstbäume in ihrem Garten, sondern um die Eichen der Allee auf Öhe gehandelt – auf diesen „dürfen Raupen ungehindert wohnen".

16.12.1896 Stein und Stiefel: Ein beim Gutspächter beschäftigter Kuhhirte soll Ida und Laurette Schilling mit einem Stein und einem geworfenen Stiefel verletzt und mit Totschlag bedroht haben. Der Hirte wird freigesprochen.

1.10.1897 Gegen die Mühlen der Gerichte: Laurette steht in Greifswald vor Gericht. Sie soll in diversen Schriftstücken Gerichtsdirektor Buddee und Amtsrichter Pauksch beleidigt haben. Die „Königliche Staatsanwaltschaft“ fordert zwei Jahre Haft. Laurette erklärt die Beisitzer für befangen und wehrt sich gegen den Vorwurf der Beleidigung. Die Ausdrücke, die sie gebraucht habe, seien die „richtige Bezeichnung für das, was geschehen“ sei. Sie wird zu sechs Monaten Gefängnis verurteilt. Bei einem Folgetermin im November lehnt Laurette den Richter und alle Beisitzer ab. Als ihrem Antrag nicht entsprochen wird, erklärt sie das Urteil „für null und nichtig“

und sagt in der weiteren Verhandlung „kein einziges Wort, nur lächelte sie ab und zu". Wegen Verleumdung wird sie zu vier Monaten Gefängnis verurteilt. Sie legt Revision ein.

11.12.1897 Wieder Schüsse auf Schiffer: Im April 1896 soll Laurette einen Matrosen und mehrere Fischer, die nahe der Öhe segelten und fischten, bedroht und beschossen und Segel und Maste beschädigt haben. Auch habe sie angeblich wieder einen Amtsvorsteher beleidigt. Das Gericht verurteilt sie wegen Bedrohung und Beleidigung zu einer Gesamtstrafe von 300 Mark oder 30 Tagen Gefängnis.

8.1.1898 Haase und der Hass: Wieder soll Laurette ihren Hofpächter öffentlich beleidigt haben. Dieser verklagt sie. Das Bergener Gericht findet zwar, von öffentlicher Beleidigung könne nicht die Rede sein. Wegen einfacher Beleidigung wird sie aber zu 50 Mark Strafe verurteilt.

13.1.1898 Revision vor dem Reichsgericht: An diesem Tag beschäftigt Laurette das Reichsgericht gleich in mehreren Punkten. Ihre Revision gegen das Urteil des Landgerichts Stettin vom Oktober 1897 (Beleidigung Landgerichtsdirektor Buddee und Amtsrichter Pauksch) wird verworfen. Das Urteil des Stettiner Landgerichts vom 3. August 1897 (Verurteilung wegen Nötigung, gefährlicher Körperverletzung, Widerstand gegen die Staatsgewalt) hebt das Reichsgericht im Punkt Körperverletzung auf und verweist die Sache an das Landgericht Stettin zurück. Das Urteil aus Stettin: fahrlässige Körperverletzung, 30 Mark Strafe. Dagegen legt Laurette wiederum vor dem Reichsgericht Revision ein – und bekommt Recht. Es geht dabei um die Schüsse auf Fischer School im Jahr 1895. Das Reichsgericht: Wenn Laurette „wirklich in dem Glauben an ihre Souveränität lebe“, sei sie auch berechtigt, „scharfe Schüsse abzugeben“, nachdem zehn Schreckschüsse ihre Wirkung verfehlt hätten. Der Begriff der fahrlässigen Körperverletzung sei daher nicht genügend begründet.

20.7.1898 Recht für den Knecht: Laurette soll einen Knecht namens Freihold mit Totschlag durch Erschießen bedroht haben. Der Knecht bekommt Recht und Laurette eine Woche Gefängnis. Am 31.8. verklagt Laurette den Knecht, seinen Hund auf sie gehetzt zu haben. Hat er nicht, urteilt das Gericht und spricht Knecht Freihold frei.

3.12.1898 Ruhe statt Nötigung: In Stralsund ist Laurette wegen Nötigung angeklagt. Zum Termin wird sie aus dem Gefängnis gebracht, wo sie neun Monate verbüßen soll. Laurette erklärt, sie sei zu krank, um der Verhandlung zu folgen, auch müsse sie am Kopf operiert werden und brauche Ruhe. Das Gericht setzt die Verhandlung aus, zwei Ärzte sollen gesundheitliche Gutachten abgeben.

23.9.1899 Haft trotz Attest: Laurette ist wegen Beleidigung angeklagt, lässt sich aber bei Gericht durch ärztliches Attest entschuldigen. Ihre Verhaftung wird trotzdem beschlossen.

7.11.1899 Auf der Flucht? „Gegen die Rittergutsbesitzerin Laurette Agnes Hildegard Schilling auf Insel Oehe bei Schaprode auf Rügen, geboren 12. Mai 1839 in Greifswald, zur Zeit unbekannten Aufenthaltes, welche flüchtig ist oder sich verborgen hält, ist die Untersuchungshaft wegen Beleidigung und falscher Anschuldigung auf Grund Haftbeschlusses der Strafkammer bei dem Königlichen Amtsgericht zu Stralsund vom 23. September verhängt. Die Königliche Staatsanwaltschaft zu Greifswald ersucht, dieselbe zu verhaften und in das nächste Gerichtsgefängnis abzuliefern."

19.5.1900 Von Böhmen nach Stralsund: Laurette wird an der böhmischen Grenze festgenommen und nach Stralsund transportiert. Hier steht sie wieder wegen Beleidigung mehrerer Richter und des früheren Greifswalder Staatsanwalts vor Gericht. In ihren Eingaben, unter anderem an den Justizminister, soll sie von „Schandverhandlungen, niederträchtigen Bubenstreichen, Schurkenstreichen, Hetzen, Beschützung des Meineids" geschrieben und Richter mit Henkern gleichgesetzt haben. Das finden die Richter nicht lustig und verurteilen Laurette zu 1.000 Mark Strafe. Die Greifswalder Zeitung, nicht gerade unparteiisch, kommentiert Laurettes Kampf um ihr Recht: „Die Beschäftigung mit dem Studium vergangener Zeiten scheint schuld daran zu sein, dass bei ihr der Glaube sich gefestigt hat, sie habe auf ihrer Insel Hoheitsrechte."

ÖHE – KLEINE INSEL MIT GROSSER GESCHICHTE

1165-1175 Der erste Ahne der Familie Schilling-von der Öhe-von der Wisch wird geboren. Spitzname: „der Syrer". Grund: Er hatte am Kreuzzug 1196 nach Syrien teilgenommen.

1253 Der Sohn des „Syrers", Ritter Marquard von der Wisch, entdeckt erstmals die Insel Öhe und staunt über die 1190 gebaute Schaproder Kirche mit ihrem romanischen Chor.

ab 1254 Ritter Marquard von der Wisch zieht auf die Öhe und wird dabei von seinem Freund Heinrich von Trent begleitet.

1318 Erstmals wird der Familiennamen von der Öhe urkundlich erwähnt.

1470-1490 Mit Curt von der Oehe beginnt die Stammreihe der Öhe-Besitzer, denen über die Jahrhunderte bis heute die Insel gehört.

1808 Der letzte von der Öhe wird geboren, Gottlieb Friedrich Bogislav von der Öhe.

1818-1819 Der erste Schilling kommt auf die Öhe: Dr. h.c. Wilhelm Schilling.

1822 Wilhelm Schilling heiratet Friederike von der Öhe.

1868 Gottlieb von der Öhe stirbt. Damit erlischt das Geschlecht der von der Öhes.

1876 Die Öhe geht in den Besitz von Adelaide (Ida) und Laurette Schilling über und ist damit fest in Frauenhand. Die beiden Damen sind die Kinder des Naturforschers Wilhelm Schilling und seiner Frau Friederike von der Öhe – und die wohl sagenumwobensten Bewohner der Insel.

ab 1876 Ida und Laurette legen auf der Insel einen Park nach englischem Vorbild an. Bis heute stammt fast der gesamte Baumbestand samt Allee vom Fähranleger bis zum Herrenhaus von den beiden. In ihrem Testament verfügen sie, dass auf der Insel kein Baum gefällt werden darf. Der heutige Besitzer Mathias Schilling hält sich daran.

1881 Die Öhe wird berühmt – leider durch einen heftigen Rechtsstreit der Schwestern mit dem Nachbargut Streu, bei dem es unter anderem um die Anlegerechte der Öhe-Fähre geht.

1921 Wilhelm Heinrich Schilling erbt die Öhe von seiner Tante Ida. Er modernisiert die Landwirtschaft auf der Insel, installiert eine Feldbahn für den Transport von Gemüse zum Fähranleger und ein Drainagesystem.

1956 Das erste Badezimmer wird im Haupthaus auf der Öhe installiert.

1990 Carsten Schilling, Vater von Mathias Schilling, beginnt mit einer Mutterkuhhaltung auf der Öhe.

1996 Carsten Schilling erbt die Öhe von seiner Mutter Wera.

2006 Übergabe der Insel Öhe von Carsten Schilling an Mathias Schilling.

2009 Gründung eines landwirtschaftlichen Betriebs/Rinderzucht auf der Insel Öhe durch Carsten und Mathias Schilling.

2010 Einführung der Marke Insel Öhe für hochwertiges Fleisch/Wurst durch Mathias Schilling.

2011 Übernahme des Gasthofs in Schaprode/Rügen.

2012 Eröffnung Schillings Hofladen in Schaprode.

2013 Eröffnung Schillings Gästehaus.

2016 Eröffnung Schillings Fischhaus & Einführung der Marke Hiddenseer Kutterfisch.

2017 Eröffnung Schillings Hafenamt und Konservenladen auf Hiddensee.

2018 Eröffnung Kaffeehaus und Hofladen Tante Hedwig & Fischhaus Hafenkater auf Hiddensee.

2018 Mathias Schilling wird „Unternehmer des Jahres“ in Vorpommern.

2019 Eröffnung des Roten Hauses auf der Insel Hiddensee.

2021 Übernahme des Fischhandels Rasmus/Stralsund.

2022 Eröffnung des Hofladens „Tante Hedwig“ in Stralsund.

ANMERKUNGEN

[1] Gemeint ist Gottlieb von der Öhe (13.10.1808-19.7.1868)

[2] Dr. Alfred Haas (8.7.1860-27.7.1950) war Lehrer und Volkskundler und gilt als bedeutendster Sammler von Sagen in Vorpommern. 1891 veröffentlichte er sein Buch „Rügensche Sagen und Märchen".

[3] Der Ort Wisch liegt heute in Schleswig-Holstein.

[4] Siehe Karte (Original S. 38–39).

[5] Das sind ca. 9 bis 15 Meter.

[6] Der Hintergrund ist nicht gänzlich klar. Wir vermuten, dass die Insel Öhe als Rittergut nach dem damaligen Wahlrecht eine Stimme zur Wahl etwa des Landtages hatte. Da Ida und Laurette Schilling als Frauen aber nicht wählen durften, bemühten sich männliche Rittergutsbesitzer der Region um das Stimmrecht der Insel.

[7] Hintergrund für die Entscheidung der Oberpostdirektion war der ständige Streit um die Benutzung der Fähre zwischen Schaprode und der Öhe sowie des Fähranlegers.

[8] Gemeint sind Fahrten und Fuhren (etwa mit Lebensmitteln, Holz etc.), zu denen der Pächter laut Pachtvertrag verpflichtet war.

[9] Das lange Rohrstroh war zum Dachdecken besser geeignet und wertvoller als das kürzere Krummstroh, das laut Laurette als Dungmaterial auf dem Mist landen sollte.

[10] Weil das Krummstroh zum Dachdecken benutzt wurde, fehlte es als Dungmaterial. Ohne ausreichende Düngung von Äckern und Wiesen waren Ertragsverluste programmiert.

[11] Laurette reklamierte für sich das Recht der Fischereiausnutzung, also des Fischens oder Netze-Stellens rund um die Ufer der Öhe bis zu einer Wassertiefe von 1 Meter.

[12] Dallen (auch Dalben) sind in den Hafengrund gerammte Pfähle zum Anlegen von Booten und Schiffen oder als Markierung der Fahrrinne.

[13] Fischerei-Aufseher

[14] Das sind 33,02 cm Wassertiefe.

[15] Hier wird angespielt auf den römischen Kaiser und Feldherren Julius Cäsar (100 v.Chr.-44 v.Chr.), den englischen Dichter und Dandy Lord George Gordon Byron (1788-1824), König Carl XII von Schweden (1682-1718), der sein Land im Großen Nordischen Krieg als Feldherr führte und Napoleon I. (Napoleon Bonaparte, 1769-1821), der sich selbst zum französischen Kaiser gekrönt hatte. Sie alle waren außergewöhnliche, charismatische und extravagante Persönlichkeiten - und Männer.

[16] 8 Zoll = 20,3 cm

[17] Anspielung auf den Teufel

[18] Gemeint sind die Pächter von Ida und Laurette Schilling.

ANMERKUNG ZUR EDITION

Das handschriftliche Original-Manuskript Laurette Schillings konnte bislang nicht gefunden werden. Grundlage dieser Bearbeitung ist der Text, den Laurette Schilling kurz vor ihrem Tod im Selbstverlag unter dem Titel „Der Kampf ums Recht des Fräuleins von der Oehe“ publizierte. Der Text wurde von uns neu strukturiert, stellenweise gekürzt, stilistisch bearbeitet und mit Anmerkungen versehen.

LITERATUR

zitiert wurde aus:

- Hans Fallada, Wir hatten mal ein Kind, Reinbek: Rowohlt, 1980
- Günter Grass, Der Butt, München: dtv, 2015
- Fedor Sommer, Ein wunderliches Eiland, Leipzig: Philipp Reclam jun., 1914

DIE BUCH-MACHER

MATHIAS SCHILLING, geboren 1981 in Schleswig Holstein, ist studierter Landwirt, Urgroßneffe Laurette Schillings und Herausgeber dieses Bandes. 2006 übernahm er die Öhe von seinen Eltern, wo er seither mit seiner Familie lebt und eine ökologische Landwirtschaft betreibt. Für ihn ist die Insel nicht nur privates Paradies, sondern Motor für die Entwicklung einer ganzen Region – worüber Laurette sicher staunend den Kopf geschüttelt hätte.

LENA DAETZ, geboren 1984 in Niedersachsen, ist Kommunikations-Designerin. Sie lebte in Braunschweig, Berlin und Wien, ist heute in Hamburg zuhause und für die künstlerischen Collagen unseres Buches verantwortlich. Wochenlang stöberte sie in Archiven, Bildbänden und Datenbanken nach Abbildungen alter Forken, Flinten und Boote. Aus den Fundstücken hat sie kleine Kunstwerke geschaffen, die in Laurettes Zeit entführen. Dass Frauen heute nicht mehr mit Flinten um ihre Rechte kämpfen müssen, ist für sie ein Zeichen angestrebter Gleichberechtigung – für die Laurette Vorbild war.

LARS HERDE, geboren 1974 auf der Insel Rügen, ist Germanist und Journalist. Obwohl auf der Nachbarinsel aufgewachsen, war die Öhe für ihn ein blinder Fleck – bis er Mathias Schilling kennenlernte. Fasziniert von Laurette Schillings Resolutheit, begab er sich auf Spurensuche und an die Arbeit an Laurettes Texten. Dank Laurette weiß er jetzt, was ein Fischkiper ist, wie Psychologen vor 130 Jahren tickten und warum selbst Nobelpreisträger nicht überall willkommen sind.

Bild-Quellen:
Tyne & Wear Archives & Museums, www.twmuseums.org.uk
Buch: Hamburg, historische Fotografien, Hans Mayer-Veden
Buch: Historisches Hamburg, Johann und Heinrich Hamann
Frontier Grit: The Unlikely True Stories of Daring Pioneer Women
www.agathachristiefestival.es
www.vivantes.de/klinikum-am-urban/geschichte
"Woman diving from pier." J.S. Johnston, 1889-1892, ©Shorpy

§ 24 UrhG - Freie Benutzung
(1) Ein selbständiges Werk, das in freier Benutzung des Werkes eines anderen geschaffen worden ist, darf ohne Zustimmung des Urhebers des benutzten Werkes veröffentlicht und verwertet werden.

Jean-Luc Godard:
"It's not where you take things from – it's where you take them to."